勇立潮头——大学生就业创业典型案例集

主　编　聂　强　张铁力

副主编　沈　雕　马　玲　张　祎　王永中

参　编　汪　麟　陈兴国　郑栋之　邓　飞
　　　　熊炜炜　余长江

重庆大学出版社

· 内容提要 ·

　　创业是就业之基，国家提出"大众创业、万众创新"的思想，让大学生们面临着很多新的创业机会。但青年创业既需要开拓创新的激情，也需要面对挫折的理性，更需要创业榜样的引导。本书收录的37位成功创业者，都经历过创业初期的艰难和困惑，但是他们能够坚持初心，勇往直前，最终也都见证了历经风雨后的灿烂彩虹，因此，他们的创业经历与实践经验，必将给接受创业教育的大学生以深深的启迪。

图书在版编目(CIP)数据

勇立潮头:大学生就业创业典型案例集/聂强,张
铁力主编. -- 重庆:重庆大学出版社,2020.9(2022.1重印)
ISBN 978-7-5689-2330-9

Ⅰ.①勇… Ⅱ.①聂… ②张… Ⅲ.①大学生—创业
—案例 Ⅳ.①G647.38

中国版本图书馆 CIP 数据核字(2020)第 167311 号

勇立潮头——大学生就业创业典型案例集

主　编　聂　强　张铁力
副主编　沈　雕　马　玲　张　祎　王永中
参　编　汪　麟　陈兴国　郑栋之　邓　飞
　　　　熊炜炜　佘长江
责任编辑:周　立　版式设计:周　立
责任校对:谢　芳　责任印制:张　策

*

重庆大学出版社出版发行
出版人:饶帮华
社址:重庆市沙坪坝区大学城西路 21 号
邮编:401331
电话:(023)88617190　88617185(中小学)
传真:(023)88617186　88617166
网址:http://www.cqup.com.cn
邮箱:fxk@cqup.com.cn(营销中心)
全国新华书店经销
重庆华林天美印务有限公司印刷

*

开本:787mm×1092mm　1/16　印张:10.75　字数:212 千
2020 年 9 月第 1 版　　2022 年 1 月第 2 次印刷
印数:9 001—17 000
ISBN 978-7-5689-2330-9　定价:39.80 元

勇立潮头

前言

　　党的十九大报告明确指出,就业是最大的民生。要坚持就业优先战略和积极就业政策,实现更高质量和更充分就业。2019 年 2 月国务院颁布的《国家职业教育改革实施方案》指出,要牢固树立新发展理念,服务建设现代化经济体系和实现更高质量更充分的就业需要。早在 2017 年 12 月 1 日,教育部印发的《关于做好 2018 届全国普通高校毕业生就业创业工作的通知》中,就要求"鼓励毕业生服务国家发展战略""引导毕业生到基层就业""加强思想教育和宣传引导",并明确提出"广泛宣传基层就业创业毕业生典型事迹"。

　　为切实贯彻党的十九大精神和习近平新时代中国特色社会主义思想,落实《国家职业教育改革实施方案》要求,重庆电子工程职业学院把加强创新创业教育作为深化高等教育领域综合改革、提高人才培养质量的重要途径。学校致力于打造"全覆盖、全层级、全程化"教学体系,力求填朴"双创理论课程——双创实践教学——专业课程"不能有效衔接的空白,依托创新创业教育平台和实践平台,深化校企合作、促进产教融合发展,逐步构建了具有重庆电子工程职业学院特色的高职院校"双课融通·三师协同·四步循环"育人新模式。"双课融通"是指通过修订人才培养方案,将双创课程和专业课程相互交叉,有效衔接,引导学生基于专业创新创业。"三师协同"是指学校建立了 180 人的创业课程授课师资团队,98 人的指导教师队伍,20 人的企业家指导队伍,通过融合型师资队伍建设,将创新创业教学和实践平台有机结合。"四步循环"是指激发创意、催生项目、孵化成果和运营企业四步循环的螺旋递进实践方法,强化训练学生创新创业能力。"双课融通·三师协同·四步循环:高职院校双创育人模式研究与实践"获得国家级教学成果二等奖。同时,学校还获得"全国毕业生就业典型经验高校(就业 50 强)""全国创新创业典型经验高校(创新创业 50 强)"荣誉称号,形成了系列"双创"育人的经验和成效。

　　本书作为我校就业创业指导系列丛书之一,由重庆电子工程职业学院校长聂强教授牵头担任主编,收集了不同时期毕业生的典型案例,讲述了基层就业、应征入伍、专升本和自主创业毕业生们的心路历程。本书通过讲述身边校友的就业创业故事,将故事与职业生涯规划、创业基础知识相融合;通过案例点评,进一步巩固就业创业基础知识,帮助大学生树立新时代的就业观和成才观,指导在校大学生进行职业规划或自主创业,提高其就业创业能力。

本案例集在编写过程中得到了广大校友的支持。学校校友总会、各地校友分会和各二级学院为本案例集提供了大量的优秀案例素材;一些知名企业家、专家和教授对书中的案例进行了精彩点评和指导;学校校友工作中心的同学们也积极参与案例集的编辑工作,在此,对他们表示衷心的感谢! 限于编者的专业水平和实践经验,本案例集难免有疏漏或不妥之处,恳请广大读者指正。

编　者

2020 年 3 月

目　录 ....

熬一份伟大　创业篇·66

添一抹亮色　军旅篇·136

修一颗匠心

工匠篇

躬身职教，国家级重点专业领头人的研学之路

1990 届无线电技术专业毕业生　陈良

陈良，教授，享受国务院政府特殊津贴专家，现任重庆电子工程职业学院电子与物联网学院院长。1986 年 9 月，陈良怀揣着梦想踏入我校（原重庆电子工业学校）的大门，1990 年毕业时，以本专业排名第一的优异成绩留校任教。在重庆电子工程职业学院严谨治学的教风影响下，逐渐养成了潜心技术、踏实勤奋、精益求精的职业习惯。工作之初，陈良在重庆电子工程职业学院专业科高频电路实验室具体负责实验教学和实验设备维护，因工作出色，三年之后被任命为实验教研组组长。他在工作中严格要求自己，为适应信息技术日新月异的发展对一名专业教师的要求，其先后在西南财经大学、重庆大学进修学习，完成本科、研究生学业，获工学硕士学位。

他始终坚守信仰，坚持技术立业。20 世纪 90 年代中后期，在所学无线电专业基础上，他通过自学和琢磨，率先掌握新兴通信设备——寻呼机（BP 机）、"大哥大"（即第一代移动通信系统 TACS）原理和维修技术，利用所掌握的技术开店创业获得成功。也正是因为他能把握先机掌握领先的移动通信技术，2000 年，学校成立通信工程系（现通信工程学院)时,他担任第一任负责人(系主任),并在担任通信工程系主任期间成功将通信技术专业作为全校第一个省部级教改专业立项建设。2004 年,在制造业急需大规模培养高技能人才的背景下,在学校的领导下,他负责重庆电子技师学院的筹建和管理工作。2012 年 10 月,中共重庆市委组织部、重庆市人力资源和社会保障局批准设立"陈良首席技师工作室",成为重庆市首批工作室之一。由于工作室在带徒传技、技术攻关、行业培训等方面的突出成效,2015 年 7 月,"陈良首席技师工作室"升级为重庆市"陈良技能专家工作室"。2016 年 12 月,"物联网安装与调试大师工作室"成功立项"十三五"高等职业教育创新发展行动计划,2017 年 12 月,"陈良国家级大师工作室"获批。工作室成立后,陈良主持(参与)技术攻关项目 16 项,发表《模块化设计在智能楼宇产品中的应用》等技术文章 22 篇,申请专利 28 项。在潜心技术的同时,不断总结、提炼,先后编著《通信终端设备原理与维修》《电子工程师常用手册》《典型无线传输技术应用》《我成长我快乐:职业能力发展手册》等书稿十余部。

他坚持学习,勤于思考,积极探索,紧跟时代发展脉搏。2011 年,他意识到产业转型升级必将对信息产业发展和技术人才培养提出新要求,经调研论证后向学校提出创建物联网学院的方案,该方案获得学校批准。2012 年初组建物联网学院时,他担任物联网学院第一任院长,致力于物联网专业建设和物联网应用人才培养。物联网学院倡导先进的双核共育(专业技能 + 职业素养)人才培养理念,将提升学生可持续发展能力和就业核心竞争力作为培养目标;推行全新的三自主(自主学习、自主管理、自主发展)育人模式,充分阐释学生主体、学生中心、能力本位,满足学生个性化发展需求,并践行务实的教学目标——让学生学有兴趣、学有乐趣、学有成就,造就幸福人生。在他的带领下,到 2019 年底,我校已建成全国规模最大的物联网"专业"学院、国家级重点专业群、全国唯一的工信部物联网培训认证基地、重庆市高校唯一的省部级技能专家工作室、重庆市物联网应用培训基地。物联网学院师生获得物联网技能竞赛全国奖项 7 项、省部级奖项 12 项、创新创业大赛奖项 21 项,将物联网应用技术专业打造成国家级重点专业。

2019 年,重庆电子工程职业学院入选"中国特色高水平高职学校",物联网应用技术、信息安全与管理两个专业群入围"双高"专业群。陈良所带领的物联网应用技术团队入选首批"国家级职业教育教师教学创新团队"(物联网应用技术专业全国仅有两个团队入选)。在"金平果 2020 中国高职院校分专业类竞争力排行榜"中,物联网应用技术、物联网工程技术两个专业同时进入全国前三名。

也正是因为他的执着与坚持,在成就事业的同时,自身也颇有收获。在教育界及电子信息产业领域有多项兼职:国家职业核心能力培训认证专家团专家、中国电子学会电子线路教学与产业专家委员会委员、重庆市建筑智能化工程专业专家工作委员会专家、重庆市物联网产业协会常务理事、重庆市职业技能鉴定专家委员会成员、重庆市物联网产业协会教育培训专业委员会主任、重庆电子信息职业教育集团副理事长等,并成长为享受国务院政府特殊津贴的专家(2012年),先后获得"全国技术能手""国家技能人才培育突出贡献奖""全国职业教育先进个人""重庆市十佳杰出技能人才""重庆市青年岗位能手""巴渝工匠""沙磁工匠"等荣誉,2019年入选"重庆英才——技术技能领军人才"计划。

校友寄语:

今天,科技早已不是橱窗里的模型,而是改变世界、成就梦想的"最强力量"。从智能手机创造的"指尖世界",到信息技术打造的网购平台,创新不断为生活注入活力。从更高层面看,大数据时代风云激荡,新产业方兴未艾,整个世界都站在新一轮科技革命的门口,抓住了就是机遇,抓不住就是挑战。小到个人生活,大到国家民族,科技都是至关重要的发展"变量"。创新是梦想的翅膀,焕发创新精神,激扬创新力量,我们前行的脚步就会更坚定,梦想的图景就会更真切地照进现实。

案例点评:

"条条大路通罗马",每个人都有适合其发展的路径。陈良校友在选定了教师职业后,始终坚持向专业技术的职业生涯路线发展,从一个实验教学管理人员成长为享受国务院政府特殊津贴的专家、全国技术能手的工作经历,给予我们三点启示:一是坚守初心,坚持技术立业是事业发展的原动力;二是保持学习的心态,跟随时代的脚步不断学习,是工作能够出成绩的必要条件;三是学以致用、知行合一,将掌握到的知识转化为能力,并创新性地结合自身岗位开展工作,是事业能够成功的保障。

陈 良

"全国技术能手"感悟工匠精神：
第一要义是坚持

2013 届汽车工程学院汽车检测与维修专业毕业生　田钋

田钋,2013 年毕业于重庆电子工程职业学院汽车工程学院汽车检测与维修专业,先后就职于重庆长安汽车股份有限公司欧尚汽车事业部、重庆长安汽车股份有限公司两江工厂一分厂,历任汽车装配工、汽车维修电工高级技师、我校汽车学院兼职教师,是中国兵器装备集团公司特聘"青年技能拔尖人才"。他曾荣获中国兵器装备集团公司第六届技能竞赛"汽车装配工决赛"第一名,获得由中华人民共和国人力资源和社会保障部授予的"全国技术能手"荣誉称号。

虽然走上工作岗位只有短短几年时间,但是田钋通过自己的努力在本职工作中收获了相当高的荣誉。这个在很多人眼里初出茅庐的高职毕业生是如何在短时间内就成为"全国技术能手"的呢？这与他肯钻研、爱岗敬业、踏实勤奋的职业精神是不无关系的。

2013 年 7 月,田钋通过校园招聘进入长安汽车股份有限公司。虽然是最基层的汽车装配工,但是他没有心浮气躁,而是能够沉下心来,融进去,用最短的时间适应公司的环境和运作流程,了解分配的各项任务。他认为："作为一名汽车装配工,就要在装配中认认真真做好汽车零部件的装配工作,秉承着不制造缺陷、不隐瞒缺陷、不传递缺陷的原则,保质保量地完成任务;作为一名汽车调试工,就要踏踏实实地做好调试工作,解决调试过程中遇到的调试难题。"他曾调试汽车上万余辆,及时地完成了车辆的交付任务。在单独参与新车型的试制工作中,田钋跟着师傅学,认真看、认真听、认真记,还认真想,提出了许多可行的整改建议。如今,田钋从一名汽车装配工成长为一名汽车调试维修骨干,主持和参与了几个重要整改项目的技术攻关工作。目前他主要负责调试问题的

修一颗匠心　工匠篇

分析与解决，通过故障现象分析原因并制定相应的控制措施，以防止同类故障的再次发生，避免不必要的返修。

正是因为田斜在每一个基层工作岗位上，都秉承着"干一行、爱一行、钻一行"的爱岗敬业精神，才能够在较短的时间内技术能力突飞猛进，迅速从一名学徒工成长为技术能手。

首先，在工作中他有着较强的动手能力、良好的协调沟通能力，适应力强，反应快，积极灵活，爱创新。工作中他注重理论与实践的结合，具备了较强的实践操作能力。例如在汽车电器调试工作中，最开始只会简单的看图，通过师傅的带领，自己动手摸索，工作之余他努力自学，很快就能够独立看图并维修实车故障。在师傅的带领和自我学习摸索下，他的专业技能得到很大的提升，也获得了公司的重视，并参加各类技能大赛。在各类比赛中，田斜也不负众望，先后参加中国兵器装备集团公司第六届职业技能竞赛，获得了"第一名"，同时获得"全国技术能手"荣誉称号、"兵装技术能手"荣誉称号；参加长安汽车第十二届技术技能运动会，获得"一等奖"。通过在这些比赛中和其他高水平技术能手同场竞技，他的技能水平得到了更进一步的提升，专业知识也更加丰富。

其次，田斜开朗、稳重、有活力，待人热情，诚信友善，能吃苦耐劳，勇于承受压力，勇于创新，有很强的组织能力和团队协作精神。生活中的他，时常身着淡蓝色的工装，他说，这身衣服，自己到哪儿都常穿着，因为发自内心地为如今从事的行业感到自豪。在工作中，他时刻告诫自己是团队的一员，团队利益高于一切。

最后，在工厂中，"传帮带"是一种传统的学习交流方法。这里的"传"是指传授、传承，"帮"是指帮助、帮教，"带"是指带领、带动。无数的实践证明，"传帮带"是一种既简单又有效的人才培养方法。田斜深知自己虽然懂一定的专业知识，但缺乏实际的工作经验，一进公司，他就主动拜师学艺，跟着师傅学技术。通过平时听师傅讲解汽车故障的维修实例、汽车构造的原理、实车故障的分析推理与维修，以及自己记录的故障案例，田斜的实际操作能力不断得到提升，工作经验也不断地积累。目前，田斜也开始带徒弟了，他秉承着"传帮带"的精神，耐心细致地教徒弟，把自己掌握的技术又传承下去，成为一名年轻的"老师傅"。

工匠精神，是一种职业精神，它是职业道德、职业能力、职业品质的体现，是从业者的一种职业价值取向和行为表现，其基本内涵包括敬业、精益、专注、创新等方面的内容。"玉不琢，不成器"，工匠精神存在于不同的行业与领域，且永不过时。

校友寄语：

短短五年的工作实践，我深刻体会到，在大学学习阶段掌握扎实的专业技能，提升自己的学习能力是至关重要的。要明确自己的方向，并为之不断努力，在工作岗位上不怕吃苦、勇于吃苦，不要过多计较得失，要坚持自己的梦想。工作中不管遇到什么样的困难，只要保持专注、坚持就能最终克服。

案例点评：

田钭从毕业到公司，用短短一年的时间就能承担公司新产品的试制工作，五年时间就能和全国同行业的技能高手同场竞技，获得"全国技术能手"的称号，成为一名技术过硬、富有创新精神的青年技术骨干，这得益于他树立了正确的职业价值观——爱岗敬业、友善勤奋、勇于创新。他把自己的青春挥洒在了车间，而不是安逸的生活。

2017年5月，习近平总书记在中国政法大学考察时寄语青年："青年在成长和奋斗中，会收获成功和喜悦，也会面临困难和压力。要正确对待一时的成败得失，处优而不养尊，受挫而不短志，使顺境逆境都成为人生的财富而不是人生的包袱。"总书记讲道："广大青年人人都是一块玉，要时常用真善美来雕琢自己，不断培养高洁的操行和纯朴的情感，努力使自己成为高尚的人。"

田 钭

精雕细琢，汽车发动机工艺大师实力诠释工匠精神

2007 届汽车检测与维修专业毕业生　王艳朋

　　王艳朋，2004—2007 年就读于重庆电子工程职业学院（原重庆职业技术学院）汽车检测与维修专业，于 2006 年 12 月进入重庆小康工业集团股份有限公司实习，因实习期表现优秀，毕业后正式进入公司工作，现任重庆小康工业集团股份有限公司发动机总装工厂总经理。毕业后，王艳朋立足岗位，继续学习，刻苦钻研，取得重庆理工大学汽车工程专业硕士研究生学历，拥有 1 项发明专利和 3 项实用新型技术专利。

　　从实习期开始到 2009 年 3 月，一直担任现场工艺技术员的王艳朋本着对公司质量负责的态度，始终踏踏实实干好本职工作。工作中遇到不懂的问题，他虚心向老员工及部门领导请教，积极参与生产过程出现的质量问题分析与改进，利用最短的时间熟悉了所辖区域的工艺技术要求及产品特性，并在任职的两年多时间里通过轮岗，掌握了发动机的整套装配及热测试工艺。同时，王艳朋在工作过程中善于思考，对工艺不断进行优化，曾提出了多项工艺的合理化建议，并组织实施工艺化设计。

　　2009 年 3 月，王艳朋因工作能力突出被公司聘任为工艺室副主任，主要负责组织量产机型的产品工艺编制、工艺工装设计与改进、装配及热测试现场工艺监督与技术支持、装配质量问题分析与改进工作。期间，他组织相关部门实施了产能提升及换速换线项目，取得了非常好的效果，并且分别荣获了 2009 年度专题改善项目特等奖及二等奖；参与了井口工厂新增 7 组发动机测试台及长寿工业园区发动机装配线的设计、设备选型及安装调试工作，同时制订了三种机型共线生产的工艺技术方案。

　　2010 年 11 月，公司提拔王艳朋担任 1016 工程整机组组长，在此期间，他带领整机组成员共同学习柴油发动机工艺知识。为了学习工艺知识，王艳朋到菲亚特印度工厂及波兰工厂进行培训，根据工艺资料及现场的学习，完成了某款柴油发动机的装配工艺设

计工作。并根据样机装配的需求设计了 37 种工艺工装,其中申报了 3 项发明专利及 6 项实用新型专利。根据两江新区整机规划,他的团队对 30 万台柴油发动机生产线进行工艺布局设计及投资预算方案的制订。

2014 年 1 月,王艳朋担任公司汽车动力技术中心制造工程部副部长,同时兼任柴油机车间主任,在此期间,组织开展公司新产品工艺及工程开发工作,并筹建柴油机车间,推进柴油发动机生产等工作。

2016 年 5 月,王艳朋开始担任发动机公司制造管理部部长。在此期间,他主持并负责发动机公司生产体系、流程标准建设,生产指标评价管理,生产计划协调,安全、环保、职业健康管理,设备体系建设,TPM 管理,能源管理,精准制造项目规划、监督、实施评价等。

2017 年 7 月,公司安排王艳朋到了更重要的工作岗位上,开始担任发动机总装工厂总经理,全面负责工厂的生产经营管理工作。在此期间他参与了公司首款 TGDI 发动机工艺策划及生产线建设工作,所建设的智能工厂获得"重庆市 2019 年度智能制造标杆企业"荣誉称号。

在工作实践中踏实耕耘、不断积累技术经验的同时,王艳朋也认识到了进一步提升理论知识水平的重要性。他在工作之余,开启了继续深造的人生旅程,先后完成了本科和研究生阶段的学习,现已取得重庆理工大学汽车工程专业研究生学历。

毕业至今,王艳朋始终立足于本职,扎根于汽车工艺的技术学习,不断钻研,用十余年时间从一名普通的技术员成长为技术能手,再成长为今天的技术研发人员,始终跟随行业快速发展的脚步,对发动机工艺精雕细琢、精益求精,打造出了汽车行业最优质的产品,真正体现出了一种工匠精神。王艳朋能取得今天的工作业绩与他在校求学期间就明确了学习目标,做好职业生涯规划不无关系。总结他的学习工作生涯,以下几点是他取得今日成绩的关键。

一、挖掘自身潜力,做好职业规划

择业对于每一个人来讲,都是人生的一件大事。俗话说:"男怕入错行,女怕嫁错郎。"这句话虽然有一定的片面性,但也从某种程度上说明了择业的重要性。要做到正确择业,首先要正确地认识自己,一方面要清楚自己的性格特点;另一方面要清楚自己想要从事的行业的要求,分析自己是否适合此项工作。大家都不愿意以后从事自己不喜欢或不适合的工作,职业规划就像物理学里面的力,必须要有方向,那么所付出的努力才会让我们最快地到达期望值。

二、做好角色定位，切忌眼高手低

根据自己大学期间的综合表现和特长，正确调整自己的就业期望值，正确定位自己。正确定位不代表定位低就好，期望值过低，则显得缩手缩脚，甚至不敢去应聘面试和挑战而错失良机；期望值过高，可能会屡屡碰壁，每当无功而返，自信心就会受到打击甚至一蹶不振。

三、端正工作态度，不怕吃苦受累

步入职场后，作为员工，就要为自己所选择的公司创造价值，付出方有回报。刚毕业的前两年，王艳朋在从事现场工艺技术员的工作过程中，每天 8 个小时都是在生产现场学习问题处理以及工艺优化，而兼任工艺室副主任的工作则全部利用下班时间加班完成。虽然辛苦，但他清楚地知道"贵在坚持"。作为一名高职学生，要在诸多本科生和硕士生中脱颖而出，就必须付出更多的努力。他的信念就是"踏踏实实干生产，再也不怕有困难"，也正是因为有了长时间的现场工作经验，仅两年时间就获得了公司的认可，被提拔为工艺室副主任（主持工作），成为整个集团年龄最小、现场工作年限最短的一名基层管理人员。

四、加强专业学习，不断提升自我

大学三年所学的专业知识，是人生的一大财富，一旦进入社会，再想有学校那样专业系统的学习是不可能的，这些专业知识也许今天用不了，但不代表明天用不到，不管是做研发、采购、生产、销售还是服务，具备专业的知识，才能树立自己的权威。另外，社会是个大课堂，光有学校的知识还远远不够，还需要不断地学习，切莫在应该努力的年龄选择了安逸。

校友寄语：

在学校学习的短短三年时间，是我一生中受益良多的三年，这三年的学习生活为我工作的十四年打下了坚实的基础。珍惜在校的每一分钟，学习知识，学会做人，学会适应社会，对于以后的人生都非常重要。毕业后，不论你选择继续深造、就业还是创业，大学三年的成长都将是我们人生中最宝贵的财富！

案例点评：

　　王艳朋在校学习期间就有非常明确的学习目标和职业规划，并始终按照自己的规划，朝着自己的目标努力。他最可贵的精神就是始终踏踏实实立足于工作岗位，有着很强的敬业精神。实习期至今十四年时间，立足于一个岗位，从最基层干起，结合专业知识，投身于汽车工艺的学习、制造和研发，专注于一项技术，从最开始跟着师傅学到今天成为行业指导者，他用实际行动诠释了工匠精神的真谛。

王艳朋

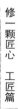

深耕汽摩领域，专注成就专业

1999 届汽车运用与维修专业毕业生　陈卫东

陈卫东，男，中共党员，山西忻州人，1997 年考入重庆电子工程职业学院前身——西南工业管理学校汽车运用与维修专业就读，历任班长、汽车专业学生会生活部部长、汽车专业学生会主席。在校期间成绩优异，多次获得各项奖励，1999 年获"中国兵器工业总公司优秀毕业生"荣誉称号。1999 年 6 月陈卫东加入中国共产党，同年保送至重庆工学院（现重庆理工大学）机械设计制造与自动化专业学习。

很多毕业生在毕业时常常备感困惑，不知道选择什么行业、做什么工作，面对多如牛毛的招聘信息，不知从何下手。相比而言，陈卫东早在求学期间就对汽摩行业产生了浓厚的兴趣，并一心专攻这方面的知识，毕业时，他顺理成章地选择了他钟爱的职业。2003 年，陈卫东进入重庆隆鑫工业集团有限公司从事售后服务工作，主要解决摩托车相关故障或技术问题。他选择这份工作是因为该隆鑫控股有限公司拥有"隆鑫""劲隆"等品牌摩托车及"隆鑫"品牌发动机，是中国最大的摩托车及发动机生产基地之一；选择售后服务工作，是因为售后服务工作要不断地解决问题，这样能快速地提高技术能力与实践经验。期间，他参与编写了《隆鑫摩托车构造》《隆鑫摩托车三包手册》《售后服务人员服务手册》等相关技术文件，并在 2005 年获得公司"先进个人"荣誉称号。

2005 年，陈卫东任隆鑫集团培训主管，主持开发完成隆鑫集团生产工人工艺教学片（含《隆鑫 125 摩托车装配工艺教学片》《隆鑫 125 发动机装配工艺教学片》两部分）。2005 年 11 月，他调任集团项目主管，主要负责隆鑫—宝马合作项目，协调解决相关技术问题，其间，他还参与了 BMB650 发动机项目的相关图纸、试制、试验相关工作，熟悉 TS16949 体系，在产品研发上积累了诸多宝贵经验。

2006 年，隆鑫—宝马 650 发动机项目一期结束后，陈卫东重新调任集团培训主管，牵头构建隆鑫集团人力资源培训体系、人才队伍建设，代表隆鑫集团与市内多家院校开展订单式培训,取得良好效果。

从2007年3月起,陈卫东调往重庆职业技术学院(重庆电子工程职业学院前身)汽车工程系实验室任教,主讲多门专业核心课,取得了良好的教学效果,现为副教授职称,至今发表学术论文18篇,其中核心期刊7篇,并获发明专利6项。2009年8月,他受学院委派,赴澳大利亚坎培门理工学院参加职教师资"培训与鉴定四级证书"培训,后成为重庆电子工程职业学院国家示范性建设项目汽车装配与制造项目核心成员。

回顾他的求学就业历程,"专注"最能体现他的人生。不论是求学,还是到隆鑫工作,再到回归母校任职,他都专注于汽摩这一领域,因为他相信,只有专注才能更加专业。成就一番事业,实现人生价值,是一切有志者的追求。然而,通向成功的道路往往并不平坦,影响成功的因素复杂多样。现实生活中常常会看到这样的情形:有的人对学业、工作、事业专心致志、不懈努力,不受外界诱惑的干扰,扎扎实实地向着既定目标迈进,最终获得了成功;有的人却耐不住寂寞、经不起诱惑,好高骛远、见异思迁,一年内换几份工作,对学业、工作、事业缺乏一种执着精神,结果一事无成。无数事实说明,专注是走向成功的一个重要因素。

校友寄语:

最初是因为自己对汽车摩托车的兴趣爱好而选择了这个专业,选择了从事汽摩这个行业,并一直发展到今天。有人说职业生涯重在规划中的自我选择,找到自己的兴趣和快乐方向,希望你一旦选择了你所感兴趣的专业、行业后,还能继续专注。让我们共同成长!

案例点评:

从陈卫东的案例中,你可发现他在自身兴趣的基础上,将自己的特长与职业结合得很好,在各个职业发展阶段的任务都完成得很好:如在成长阶段,在学校内学习并培养工作中所需要的基本习惯和技能;在早期的职业生涯,在隆鑫的各个岗位上发展自己的技能和专长,为提升和进入教育行业后的横向职业成长打下基础;返校任教后,他继续保持技术竞争力,在自己选择的专业领域内继续学习,力争成为一名专家,逐渐成为他人的良师。

有人说,做事有五重境界:会、好、精、绝、化。一个人怎样才能从一般人转变成专家、大师? 其中最好的办法就是执着地对某一个领域进行深入的学习、研究、实践。耐得住寂寞、受得住诱惑,专心致志,不懈努力,有什么目标达不成呢? 成功会是肯定的。

陈卫东

择一处风景

职场篇

扎根基层，知识是最好的武装

1992 届计划统计专业毕业生　古智

正所谓"一屋不扫，何以扫天下""天下难事，必做于易；天下大事，必做于细"，1992年，我校计划统计专业毕业生古智，正是怀着这样的心态来到了当时偏僻的陈家桥镇重庆虎溪电机厂工作。刚到单位，由于工厂计划部门没有空缺，他被分配到机加工车间做钳工。由于他早有心理准备，此事不但没有对他造成打击，反而被他看作一个非常好的锻炼机会。坚信从小事做起，从基层做起，他每天手握锉刀、电工锯等工具，全身心投入工作中。经历了酷暑与寒冬，收获了一名钳工的苦、脏、累。有人曾说，如果你只为薪水而工作，那么，你的生活将因此陷入平庸之中，你就找不到人生中真正的成就感，工作虽然是为了获得报酬，但工作能给你带来的收获远比工资多得多。而古智，正是凭着自己对基层工作的满腔热情，克服着常人难以面对的困难，用自己的工作成绩向大家证明基层工作平凡但不平庸，细小中孕育着伟大。就这样，抱着从基层做起的心态，古智在工作中踏踏实实、勤勤恳恳，做了半年多，于次年 3 月调往财务处正式从事会计工作。

真正接触会计工作以后，纵观同事、领导们身上的才能与知识，古智感觉到自己知识的缺乏，知道仅有中专文凭是不能够胜任工作的，于是他给自己制订了一个学习计划：一方面虚心向同事请教，学习相关业务知识；一方面选择脱产回校攻读工业经济大学专科，进行系统的专业知识学习。古智在提到自己大学的求学经历时，他很有感触："在大学的学习给我带来了质的飞跃，在学校每学一小步，都使我前进一大步。"他先后获得了会计和工业经济两个专科学历，经济管理本科学历，后又到首都经贸大学研究生班学习，这些系统的理论知识学习，不仅提高了他的理论水平，更提高了他在实践中解决问题的能力。读书期间，当时虎溪电机厂条件非常艰苦，只分给他一间只有几平方米的平房，没有暖气且漏风，那是他感觉最冷的几个冬天，但每天下班后都坚持看书学习至深夜，且养成在床上看书才睡得着的习惯，一坚持就是十来年。2002年初，古智顺利通过了中国注册会计师资格考试，2004年获取高级会计师职称，通过学习和努力，具备了扎实的会计、计划、审计、金融及企业管理知识。有了这些知识的保障，工作上也得心应手，成绩突出，先后被提升为财务处、审计处副处长、处长、支部书记，现任公司总经理助理职务。

在谈到今天的成绩时，古智的心态很淡然，他表示，通过读书，他的人生观、价值观发生了改变，扩大了视野，调整了心态，使自己树立了"眼看前方，手着近处"的理念，一步一步、脚踏实地从基层做起，不断地去实现自己的目标和追求。古智是从基层走向成功的典型事例，今天的大学生不缺乏知识，不缺少眼界，缺少的正是他这种到基层学习锻炼的勇气、毅力。

先付出，后回报，也许回报不能立刻得到，却能在不经意间收获，或许像古智一样，怀着一颗平静的心，面带微笑地走向等待着我们的基层岗位时，未来将是一片阳光灿烂。

校友寄语：

我们毕业时是分配工作，选择较少，现在是双向选择，就业去向也多样化，但有一点我觉得都一样，那就是树立良好的心态。从学校到工作岗位上，跨度还是很大的，环境、要求、目标等都会发生改变，如何适应，还需进行心理调整。我毕业时学的和做的就不对口，还是生产一线的钳工，当时想先从基层干起，力求在单位上站稳脚跟，一步步发展。基层工作对以后的发展也是一种锻炼。现在和我们同类的企业，需要大量的毕业生，但一些大学生畏难怕苦，不愿到生产一线工作，宁可改行或待业也不愿意到基层单位工作，自身又缺乏管理岗位必要的实际经验和能力，未达到人尽其才的目的。

案例点评：

学习改变人生，态度决定成败，这是古智事业成功案例给我们的启迪。作为一名现代的大学生，身处信息时代，尽管我们在学校学习了很多东西，但是走出校门，需要树立良好的就业心态并学习更多知识。不学习就要落后，这是一个亘古不变的道理。我们时刻都不能放弃学习,要通过各种方式,尽可能地把握每一个学习机会,以此来提升自己的素质和能力,以此来夯实自己人生发展的基础。对待人生、对待工作、对待得失、对待不如意的态度,往往是决定成功与否的关键。很多人对于扎根基层工作,在艰苦的岗位上建功立业是持反对态度的,只想获取,不想付出,处理不好个人与社会、组织、他人的关系,最终碌碌无为。

古　智

十年磨一剑，农家子弟逆袭销售将才

2000 届市场营销专业毕业生　杨宇光

作为一名大学生，你准备怎样走好进入职场的第一步？怎样在职场的"平淡、苦闷"中坚持？怎样搭建职业生涯发展的平台？

杨宇光毕业于我校前身——原西南工业管理学校市场营销专业 9821 班。在他看来，自己从一个青涩的农家子弟，变成今天深谙世故的职场人士，个中滋味，委实一言难尽。人的命运是多么捉摸不定：一个毫不相干的人，也许会决定你一生的走向；一个幼稚的想法，或许会毁了自己最宝贵的职业黄金期；一个小小的错误，可能会失去一辈子难得的机会。然而，这些捉摸不定，在若干年后看来，又是那么清晰。

毕业后，在校期间表现优异的杨宇光来到成都万友贸易有限公司。该公司主要经营"长安"品牌和"长安铃木"品牌汽车，在成都北部和新都区，是一家集整车销售、汽车维修、零配件供应和信息反馈于一体的大型汽车销售服务公司。在企业的十多年时间里，他从销售人员做起，到现在的公司的副总经理，默默耕耘，不断进步。他始终相信：能成功者，必永不言弃；放弃者，永不成功。他坚信：天将降大任于斯人也，必先苦其心智，劳其筋骨，饿其体肤……

2001 年 10 月，杨宇光进入成都万友新都分公司担任总经理助理，也是从那时候起，他开始真正系统地了解了销售工作，才知道年轻时期的狂妄是多么稚嫩与可笑。于是，他如饥似渴地学习，积累销售经验，学习销售技能。3 个月时间里，杨宇光每天起早贪黑，拜访经销商、走访店员，调研行业市场状况，晚上，他又拖着疲惫的身体回到宿舍，有时根本顾不上洗澡，倒头便睡。

但市场是残酷的，有时候付出并不一定意味着收获。在新都万友分公司担任总经理助理的六年时间里，杨宇光时刻保持良好的学习心态和积极主动的工作作风，恪守自己的职业操守,终于,在2007年年底迎来了更大的机会和更广阔的平台。那时恰逢成都万友总公司招聘副总经理之际,他以清晰的工作思路和骄人的工作业绩在众多竞争者中脱颖而出,应聘为成都万友贸易有限公司新都公司副总经理,全面负责新都万友的工作。随之而来的,他也从朋友羡慕的眼光中体会到作为一名区域经理的酸甜苦辣,虽"镇守"成都多年,杨宇光却至今没有欣赏过九寨沟的美景、四姑娘山的绮丽风光;成都的武侯祠、大邑的西岭雪山,均无缘一见,并不是不感兴趣,而是销售重担在身,他的头脑里充斥的全是各种数字指标和市场问题,有时甚至连睡觉都还在想着如何解决问题,完成任务。当然,销售也有快乐的时候:通过自己的努力从无到有,公司业绩从倒数到名列前茅;当走在路上,四处可见印有成都万友标识的车辆时,这让杨宇光感到无比欣慰。销售,痛并快乐着!

此时的杨宇光也逐步走向成熟,他不断总结经验,他开始懂得如何科学规划市场,如何合理安排实施步骤,如何修正计划,如何有效管理营销团队……

在任两年中,杨宇光不断地在各个区域市场之间徘徊,来去匆匆,开会、调研、与代理商彻夜长谈,已成为家常便饭。经历了艰难的角色转变过程,他也在新的舞台上对营销有了更深层次的认识,也更加感到自己的渺小,因此,唯有通过不断地学习、总结,全力以赴,来弥补自身的不足,但求以勤补拙、无愧于心。

十余个年头过去,回首往事,杨宇光依然觉得历历在目,几年时间里,他凭借着对营销工作的"悟性"以及自己不懈的努力,历经了从一名"冲杀前线"的普通"士兵",直至今天成为"指点江山、运筹帷幄"的"将军"。同时,也完成了从一名基层销售人员到企业营销管理精英的蜕变。对营销工作的执着与热爱及不平凡的经历造就了他阶段性的成功,但未来的路,依然任重而道远……

校友寄语:

毕业后我一直在万友公司,期间许多同事或同学有跳槽的、创业的,而我选择留下,继续努力,因为我相信能"成功者,必永不言弃;放弃者,永不成功",机会永远是留给有准备的人,如果跳槽或创业将重新开始,不如在熟悉的岗位上继续提高,所以,作为职业人,在选择行业岗位时一定要定好位,一旦选择了,就不能轻易变化,不断地跳槽,最后可能会竹篮打水一场空,导致各个岗位上都不专业,耽误自己的职业发展。

案例点评:

杨宇光作为一名营销人,工作十余年,其酸甜苦辣并没有给我们太多的具体呈现,可寻其足迹,我们不难发现,专注、执着、投入、坚持、学习、承担、拼搏、奉献……成为其职场经历的主旋律。从不谙世事、初出茅庐的大学生,到纵横捭阖的销售将才,一路走来,留下清晰的脚印,我们的大学生应该可以从中得到启迪。"它山之石,可以攻玉"余下来的,就看我们自己。

杨宇光

终身学习，校学生会主席走向
名企高管的成才之道

2003 届工商管理专业毕业生　文锋

文锋，男，生于 1981 年，中共党员，2003 届工商管理专业毕业生，曾任中国嘉陵股份有限公司（集团）销售总公司副总经理，现任一家多元化、跨区域的集团公司总经理。

一、遵循学习"铁律"，夯实发展基础

在知识经济、全球化、信息技术迅猛发展的时代，学习成为一个人思考和创造的前提，是个人成功的基础。做一个学习型、高效型的人，是文锋一贯的追求。

2001 年 9 月，文锋以优异的成绩考入我校前身重庆职业技术学院工商管理系。在很多人都认为进入大学可以轻松一下，甚至"读书无用论"泛滥的时候，文锋却认为：进入大学的根本目的是进行知识的学习和能力的全面提升。于是，文锋抓住各种机会，如饥似渴地向老师学习各种知识，学习理性思考的思辨能力，向身边的同学、朋友学习他们的长处，向自己的昨天学习优秀的经验，向自己的未来学习共同愿景的搭建。他希望通过努力地学习和实践，逐步提升自身素养和能力，让自己能够逐渐走向更高的平台。

从 2001 年入校至 2003 年毕业，文锋历任班级班长、系学生会主席、校学生会主席。正是得益于大学期间的勤奋学习，使文锋具备了良好的综合素养，为顺利走向工作岗位奠定了扎实的基础。

参加工作后，文锋仍然坚持不断学习的好习惯，不仅努力钻研业务知识，学习的范围也不断拓展。多年来，他擅长以学习的成果来指导工作，取得了良好的成效：从嘉陵集团一名普通的销售人员成长为集团山西销售公司总经理、成都销售公司总经理、销售总公司副总经理，现任一家集团公司总经理。

二、扎根一线，埋头苦干

不要好高骛远，从基层一步一个脚印地工作，踏踏实实地做好每一份工作，这是文锋对自己的要求。要成为一个好的销售人员，必须对企业的生产过程、产品的性能有充分的了解。

2003年9月，文锋毕业来到中国嘉陵工业股份有限公司（集团），首先在嘉陵下属的六个分厂开始了为期6个月的实习，实习期间，文锋任劳任怨，仔细观察，认真思考，把嘉陵生产的各个流程和产品的性能了然于胸。2004年起，文锋在嘉陵公司市场部、公司山西太原办事处等从事基层管理工作，工作中的他不怕苦、不怕累，严格要求自己，做好每一项分内工作。正是由于良好的工作态度和工作才能的展现，文锋开始走向领导工作岗位。2005年1月至2006年6月，文锋担任杭州分公司下属区域工作站的主管。

2006年6月，中国嘉陵工业股份有限公司山西销售公司的工作步入最困难的时期，销售量滑到低谷，产品品种单一，客户流失，商务环境不良，员工信心不足，商家对嘉陵品牌失去了信任。文锋临危受命，出任山西销售公司总经理。公司员工在文锋的带领下，克服重重困难，在短短几个月内，就使山西销售公司"起死回生"：公司从巨亏到盈利，从销量300台到600台，从600台到1 200台，从1 200台到2 000台。2007年，山西销售公司在销售、服务、各项经营指标、团队等综合评比中，名列集团第一名。

2008年3月，文锋调任成都销售公司总经理。2008年是极其不平凡的一年，一方面摩托车行业竞争风起云涌，烽烟四起；另一方面四川汶川大地震及金融危机给市场造成严重影响。但嘉陵集团成都销售公司总经理文锋并没有被困难吓倒，他率领团队并肩作战，创造了嘉陵在四川区域新的销售奇迹，开创了成都销售公司2008年工作的新局面。特别需要提出的是，"5·12"汶川大地震期间，他带领员工第一时间赶赴都江堰、彭州灾区的现场，为灾区群众送去水、食品、帐篷、衣服等物品，在北川中学带领商家和员工一起装车到凌晨5点。他还组织人员向灾区赠送了一批摩托车，并紧急运送国家农业部、公安部、国务院扶贫办订购的抗震救灾摩托车一千多辆到各个灾区。

2003年至2009年，在自觉学习之外，文锋还先后参加了嘉陵集团销售公司组织的专业拓展、营销管理和企业管理、中小企业领导人论坛等系列培训学习，清华大学领导力培训学习，嘉陵集团优秀中青年培训学习，西南财经大学营销实战培训学习，与青岛海尔集团、海信、青岛啤酒等企业交流和学习。

2009年12月，文锋被任命为嘉陵集团销售公司副总经理，分管全国核心市场、渠道管理、大排量销售、公司培训。作为公司经营班子的一员，他顾全大局，专业过硬，出色的领导能力使他在此岗位 4 年时间里,取得了卓越的成绩,尤其在对市场趋势判断方面,对各分公司的市场运营管理、核心市场跨越式突破上进行了颠覆性的改变和提升,实现了数量和质量并重的结果导向,受到了集团公司一致好评。2009 年,文锋个人获得重庆市"五四青年奖章"提名,排名第十位。

三、成功转型,开创发展新篇

由于个人职业规划和发展的因素,文锋毅然从嘉陵辞职,离开熟悉的摩托车行业,从事房地产开发事业,面对两个完全不同的行业跨界,他坚信:"隔行不隔理"。在万景集团担任集团营销副总兼商业项目总经理期间,他把地域公司的项目做到获得省级、全国重点文化产业项目等多项荣誉,取得一个项目一年销售 2 700 套房子的出色成绩。现在他出任一家多元化、跨区域集团公司总经理,正在全速推进他的人生目标,他总是说:"只要你付出不亚于任何人的努力,你就一定会有收获。"

对于取得的成绩,文锋并不满足,因为他知道,只有为公司、为社会创造更多、更大的价值,才是他自己的人生目标。

文锋在路上,他还在迈着坚定的步伐,谱写自己人生的精彩华章。

校友寄语:

成功没有偶然,我们今天的态度会决定我们的明天。

学习对我们来讲似乎是一件老生常谈的事,有的人忽视学习,甚至漠视学习,这是一件非常危险的事。彼得·圣吉认为,一个学习型的人,应在"自我超越""改善心智模式""建立共同愿景""团体学习"和"系统思考"的修炼上,进行积极的改变。所以在当今时代,不学习就会落后,不学习就会被超越,这是铁律。我们的大学生需要对此有新的认识、紧迫的认识。

案例点评:

到基层锻炼,到基层扎根,这是当代大学生就业的必由之路。文锋在基层锻炼,在基层提高,在基层得到发展,是我们当代大学生应该好好学习和效仿的。根基牢了楼才修得高,这是一个简单的、不可回避的道理。

责任心、使命感是人成功的重要条件。勇挑重担,任劳任怨;为集体、为国家、为社会付出与奉献的精神我们当长期坚持。拈轻怕重,把个人得失看得太重都是不可取的。

创新是发展的根本。没有创新就不会有发展,文锋在管理和经营上的创新为公司带来了发展,也为自己带来了发展。我们的大学生应该为自己确立一些创新的点,做一些能够创新的准备。

文　锋

天行健，女子亦自强不息

2006 届电子商务专业毕业生　柴静

柴静，重庆电子工程职业学院（原重庆电子科技职业学院）电子商务 031 班学生。2006 年毕业离校后，柴静进入澳大利亚伊士顿电梯集团重庆伊士顿电梯有限责任公司任总经理秘书。

在担任总经理秘书期间，柴静的工作任务繁重而琐碎：负责总经理每天的日程安排，起草各类文稿，向各部门传达总经理指示；负责向总经理汇报公司各部门的动态，配合协调各系统部门事宜；对各系统（部门）工作计划进行督促检查；协助总经理开展各项工作；处理企业内部日常管理事务，协调各部门之间的工作关系；负责企业形象与产品的宣传工作，参与公司重大决策；根据公司经营目标和发展战略，拟订人力资源开发及发展规划、年度工作目标与工作计划，并组织实施；建立、完善并指导实施公司招聘、培训体系；组织企业文化的营建，协调员工关系；负责与政府、工商等外联单位建立良好的公共关系。

在这段时间里，不论是芝麻绿豆的小事，还是事关公司发展经营战略的大事，她都参与其中。工作中，柴静没有上下班的概念，她始终以奋发向上的心态，以水滴石穿的努力，一步步地完成公司和领导交办的工作任务，并通过工作不断提升自己的管理能力。作为一名初出茅庐的女大学生，她更是将自己在生活和工作中的独立性看得十分重要，将这种"自强不息"的精神寓于自己的工作、生活和学习当中，时刻展示自尊、自信、自强和自立，并感受欢乐、友谊、梦想和成功，通过挑战自我，追求属于自己的生命价值。

经过努力，能力表现突出的柴静终于受到公司领导和员工的认可，2007 年 7 月，公司委以重任，由她担任澳大利亚伊士顿电梯集团重庆伊士顿电梯有限责任公司重庆营销中心总经理。站在更高的平台上，柴静没有骄傲，而是更加努力地开展工作，完成公司年度营销目标以及其他任务:对营销思想进行定位;协调企业内外部关系;对企业市场营销战略计划的执行进行监督和控制;制订新项目的市场推广方案;制订与落实销售队伍的建设与培养方案等。

为了进一步满足职业发展的需要,柴静全面提升自己的素质与能力,一边工作,一边兼顾学习,顺利通过重庆师范大学人力资源管理专业自学本科考试,并因为表现优异,在工作中被组织批准加入了中国共产党。

作为刚步入社会的大学生,努力工作与学习,是激励我们自强不息的最好平台,人生的每一个进步,都需要自强不息的精神,我们崇敬自强不息的女士,我们赞美自强不息的女士。因为有了她们的顽强与创造,才有了这个世界的完美与和谐。在此意义上,我们也祝愿在这种自强不息的精神感召下,广大毕业生能够勇于挑战自我,努力开创更加美好的明天,实现自己心中的梦想。

校友寄语:

从大学毕业到工作岗位,刚开始比较迷茫,不知从何做起,为尽快了解公司,适应工作岗位,我就从小事做起,从平凡的工作做起,把每一件事情都做好,这是当时的一个最简单的想法,也是从事职业的基本要求。当一个人真要做好自己的每一项工作,其实也是不简单的事,就必须进行学习,开动脑筋想办法,自强不息地去拼搏、去争取,这个过程也是自身提高升华的过程,各种潜力得到开发,自身的发展也就得以实现。

案例点评:

从柴静的职业发展中可以看出,当其做出了职业选择时,发扬其自强不息和顽强拼搏的精神,努力适应职场发展需要,不断提高自己的能力,从而在职业发展上取得了一定的成绩。

18～25岁是职业生涯发展的进入组织阶段,在这个阶段尽量选择适合自己的职业,获取足量的信息,为职业生涯初期发展做好准备,当做出职业选择后,应当发扬这种精神,坚持下来,如果在这个阶段多次进行职业变动,势必影响获得行业信息的数量和质量,从而影响个人的职业发展。

穿越求职迷雾，把握机遇重迎希望曙光

2009 届通信技术专业毕业生　胡余加

2008 年至 2009 年，发生了波及全球的金融风暴，这股风暴直接影响到了世界范围内的就业形势，应届大学毕业生也难免受此影响，面临着更大的就业压力、更大的就业挑战和就业竞争。

在学校学习期间，胡余加在社会实践能力方面表现突出，连续三年担任班长一职，在系里担任学生会体育部部长。胡余加热爱体育活动，是学院足球、篮球、田径、游泳几个项目的主力队员，大二时担任了学院第一届田径队队长，代表学校参加了重庆市大学生田径锦标赛，在多个项目中获得优异名次。毕业时，他成为一名光荣的中国共产党预备党员。

2008 年 10 月，胡余加也加入了庞大的应届毕业生求职大军当中。此前，年少心高的他，对未来的工作有着无限美好的憧憬，期望值很高，同时也对未来充满了信心。然而，接下来艰难和坎坷的求职历程却一点点击碎了他的梦想，将他从理想拉回了现实。

第一次求职应聘是在学校，胡余加接到系里通知，中兴物流体系公司即将来校招聘，让同学们做好充分的准备。为了能给企业招聘方留下好印象，胡余加在简历的制作上精益求精，在个人形象上也下了不少功夫，满怀信心地准备着迎接人生的第一次求职应聘。刚进入招聘现场，他却突然紧张起来，感觉自己手心冒汗，心虚，没有了底气。幸运的是，经历了两天共三轮考试（笔试、一面、二面）后，胡余加得到系里通知，他被中兴物流体系公司招录，当时他的心情无比激动。不过，经过后来详细了解，胡余加感觉这家公司各方面都不是很适合自己，最终选择放弃了，重新寻找适合自己的工作！

在接下来的一个月时间里，胡余加陆陆续续参加了十余场招聘会，效果都差于预期。2008 年 11 月，胡余加返回老家求职。此时，他一心想进入建筑行业发展，并如愿进入了成都一家房地产管理公司上班。刚进公司，胡余加就被安排到了一个正在施工的工地上进行学习,每天朝九晚五,没有一分钱的报酬,尽管如此,他还是信心百倍地投入工作,努力学习建筑专业知识和现场施工程序等。3个月过去,胡余加也渐渐懂得了与建筑行业相关的各种知识。但闲暇时间,他总会思考,以后的发展有没有空间?是否真的就这样放弃自己所学的通信专业?最终,在家人的支持下,胡余加选择了回到自己所学的通信专业领域发展。

2009年初,胡余加重新出发,陆陆续续在成都投出不少简历,都是关于通信行业的公司,也面试了几次,但效果均不够理想。3月初,他接到四川公众通信建设监理有限公司人力资源部的电话,通知他去公司培训。接完这个电话后胡余加又喜又忧,喜的是因为得到了公司的培训机会,忧的是,机会来得太突然,让他没有一点准备。培训的第一周,胡余加便渐渐了解了公司的文化与业务范围,也对工作产生了浓厚的兴趣。最终,他以优异的考试成绩被公司录用,从此,全身心地投入工作当中。

离开学校踏入社会的几年时间里,胡余加渐渐适应了社会的快节奏,也学会了直面严峻的现实,他亦在工作中积累经验,不断完善自身。在日常的学习中,他完美适应了自己的职场角色,并爱上了自己的事业,也自然在自己的工作岗位上取得了不凡的业绩!

校友寄语:

回顾求职之路,这一路上充满了艰难和坎坷,但困难是每个人的人生路上都必然要经历的,就看自己怎样去面对现实,迎接困难,解决问题。如今,我根据自己的亲身经历,得出这么一个体会,那就是在求职时,我们要有正确的就业心态,不要好高骛远,要脚踏实地一步一步地走,千万不要在腾云驾雾中迷失自己!

案例点评:

我们就胡余加的求职经历来讨论一些问题:为什么他的求职之路会这么坎坷?我们可不可以采取适当的措施避免这些曲折的发生?求职中所经历的这些磨难,对于其本人来说是有利还是有弊呢?

我们从案例当中可以得知,胡余加在求职路上之所以没能一帆风顺,主要是因为他求职之初的心态没有调整好,没有给自己定好位。他对现实的就业形势没有一个清楚的认识,也没有对自己有一个全面而客观的定位,把工作的期望值定得过高,没有做到脚踏实地,而是想一步到位,找到一份好工作。此外,有的时候,我们更应当让自己去适应一份工作,而不是让一份工作来适应自己。胡余加同学的第一份工作来之不易,可是他觉得这份工作在很多方面都跟自己不匹配,所以放弃了,这是不可取的。我们步入社会很难事事如意,因此应当调整自己,让自己来适应社会,迎接来自各方面的挑战,而不是遇难而退,失去信心和斗志。我们可以在求职之前全面地剖析自己,给自己定下一个切合实际的可行性目标,适当地给自己定好位,使自己的求职有一个大致的方向。但是在求职的过程当中，我们不能一成不变，非此即彼，而是要善于变通，把握住稍纵即逝的机遇，把挑战当成一种鼓励自己前进的动力，在迎接挑战的过程当中激发出自己最大的能量，使自己进一步认识自己，完善自己，发展自己。

磨难固然能够使一个人变得成熟和坚强，但是我们每一个人都希望在自己的人生路上能够一帆风顺，少一些艰难坎坷，多一些坦途。胡余加同学虽然后来还是找到了一份自己比较满意的工作，而且获得了比较好的发展，但他毕竟还是浪费了一些宝贵的时间。如果他能够在一开始就对自己有一个正确的定位，有一个科学的态度和良好的求职心态，那么他也能够在有限的时间内让自己的事业有一个更好的发展。

我们希望借这个案例能给即将毕业加入求职大军中的同学们提供一些借鉴，使他们在求职的时候摆正心态，正确定位，科学地做好自己的职业生涯规划，少走一些弯路，尽快地找到自己的位置，迈好、走稳自己的事业第一步。

梦想照进现实，一"鸣"惊人的保险精英练成记

2010 届财经学院金融保险专业毕业生　卢凤鸣

在阐明"让梦想照进现实"之前，我想对自己说段话，并且是让自己铭记一辈子的话："我从不认为我的命运是上天注定的，哪怕注定坎坷，我也绝不认命，将自己的一生得过且过"。都说世上没有百分之百的完美，但我也会努力得到属于自己的 99.99%。世界上，很多人终其一生寻求自己想要的，我和所有人一样，不仅要得到自己想要的，还要寻求自己人生中缺少的，因为我相信，命运一定不是一成不变的，所以我要拼尽所有努力和坚持，改变自己的命运。

这是卢凤鸣 2010 年刚踏入职场时，写在日记本上的一段话。此刻，回首过往，文字里既有她毕业求职历程的辛酸和感悟，又有她为改变命运的坚持和努力。

2010 年，卢凤鸣毕业于重庆电子工程职业学院保险专业，与很多先天环境优渥的天之骄子相比，她成绩平平，长相平平，家境平平。没有拿到一副人生的"好牌"，是否就该这样平淡无奇地过下去？不！在她踏入社会，经历求职受挫，遭遇无故解聘和生活的各种艰辛后，她开始重新审视和定位自己，从此，开启了新的人生道路。

最初，只是为了能有一份工作，赚到春节回家的路费，卢凤鸣正式步入了保险行业。一系列的入职培训重新点燃了卢凤鸣的信心，在这个行业，不需要家庭背景，不需要身高、长相，只要努力坚持，就可以得到自己想要的一切。那时，她重新为自己定下两个目标：第一，争取一年半还清自己一万八的大学学费贷款；第二，每个月的工资稳定到 3 000元。现在看来，当时的她通过努力，工作的回报远远超过了自己的预期。

首先，卢凤鸣认识到自己在校期间，专业技能学习并不扎实。为了尽快胜任岗位，她开始重新学习保险业务知识，不论在出租屋里，还是公交车上，所有的碎片时间都被她合理利用，直到将所有知识点巩固，能够易如反掌地回答客户的每一个问题。为了改变

生活现状,她努力开发客户资源,终于,收到了第一个月的到账工资 3 800 元,凭着这份吃苦耐劳的精神,第二个月,收入即突破了万元大关。2010 年底,在公司的年度业绩总结大会上,卢凤鸣凭借年度保费 130 万元的骄人业绩排名全公司第九,受到公司的表彰,并被列为重点培养对象。也许正如她的名字一般,不"鸣"则已,一"鸣"惊人。2012—2013 年,卢凤鸣蝉联年度销售业绩第 8 名,在收入上,近 20 万元的年薪,对于毕业仅仅两年的她来说,业已实现了自己曾经想都不敢想的成就。一时间,沉浸在这种小小的成功的喜悦中,卢凤鸣失去了对职业发展的长远规划,直到工作中的一些事件彻底让她改变了想法,她开始进一步思考从事这份事业的意义,内心也发生了转变:不再只是为了得到稳定的收入而销售保险,而是把保险当作一项有意义的、毕生的事业。

那是在 2013 年底,卢凤鸣为两名客户办理理赔,其中一名客户是一位 32 岁的工厂普通员工,因为患上肝癌理赔。直到现在,卢凤鸣依然记得给他销售保险的全部过程。原本,客户并不愿意购买,也从不担心自己可能生病。在卢凤鸣拨打了 16 次电话后,终于打动了他,"小卢,你太能坚持了,其实我是真的不喜欢买保险",客户对她说。但恰恰是这份坚持换来的珍贵保单,让这位经济拮据的客户获得了 20 万重疾保险金的赔付。第二位令卢凤鸣印象深刻的理赔客户,是一位为父亲购买保险的女士,其父亲后来被确诊为肺癌晚期,也因此得到了 20 万元的赔偿。这 20 万元对于当时负担沉重,还背有外债的这个家庭来说,无疑是雪中送炭。这两个典型的理赔事件,使卢凤鸣发自内心地改变了对这个行业的看法,保险销售不是单纯地为了销售提成,而是真正能为他人带去保障。从那以后,她销售的每一份保险,都倾注了自己 120 分的真诚和专业。卢凤鸣渐渐发现,自己的客户越来越多,朋友也越来越多,对保险行业也有了新的认知,对自己工作的意义有了更深层次的理解。

卢凤鸣说,一路走来,她最想感谢的是自己不断地坚持和努力,从一开始的迷茫求职到有了明确的职业规划,找到了自己为之奋斗的事业,从单纯为了解决生活所需到找寻到了职业的意义,真正地收获了社会和周围人的认同和尊重。回望来时路,就如她在毕业时写在日记本上的那句话"让梦想照进现实"。

校友寄语:

我由衷地感恩我的出身,感恩我的父母,也感恩我曾遇到的所有困境,因为是它们造就了我不顾一切地勇往直前,不管职业道路多么坎坷,我始终在坚持,不管工作压力多大,我也从未放弃,不管客户怎么看待,我相信总有人认可我,因为我想做得更好。职业是自我实现的重要途径,自己可以把握自己的命运,通过不懈地努力成就自己的人生,让梦想变成现实,我可以,你们也可以。

案例点评:

从卢凤鸣毕业后的职业生涯发展路径来看,她在工作中经历了酸甜苦辣。从她的故事中,可以体会到她成功有以下三个方面的原因:一是有梦想,制订自己的职业生涯目标;二是贵在坚持,不管工作压力多大,她从未放弃,不管客户怎么不待见,她总是相信会有认可她的人,因为她想做得更好;三是善感悟,在人生的不同阶段、不同的岗位感悟体会不一样,她在工作初期,就是很简单的目标,通过努力获得报酬,而在职业生涯中不断地感悟,她更意识到工作不仅仅是为了获得一份工资,而是一份对家庭、社会和国家的责任,是一份事业。

求职首先是定位,尽可能让自己的人格特质、兴趣、能力、价值观与岗位匹配。在职业发展过程中,坚持梦想,坚持学习,坚持不断地付出和努力,成功就会在不远的地方等着你。

卢凤鸣

通专融合铸就造价精英，成功的
"捷径"叫坚持

2011 届建筑与材料学院工程造价专业毕业生　费咏梅

费咏梅,2011 年 7 月毕业于重庆电子工程职业学院建筑与材料学院。毕业 6 年,当很多和她同时走出校园的人还在纠结如何解决工作上的难题时,费咏梅已经通过自己扎实的专业技能和敬业的工作态度,独立圆满地完成了造价上千万的预算工作。2011 年底,她获得部门 2011 年"最佳新人奖",2012 年 3 月成为年轻员工中的带头模范。

在校期间,费咏梅曾担任重庆电子工程职业学院校团委副书记及班级班长。在任职于学生会期间,曾多次协助团委老师成功举办"青春中国心·走进重庆电子工程职业学院大型电视活动""学创活动""教师青年歌手大赛""校园之春""大学生三下乡"等系列活动,因表现突出,曾多次获得"青年志愿者先进个人""学创标兵""精神文明建设先进个人""学创争先赛一等奖"等多项荣誉。

因为很好地把握住了在校的学习时光,费咏梅在知识、技能、能力等各方面打下了坚实的基础,因此,进入职场后很快便能脱颖而出。费咏梅曾坦言:"虽然学生会工作比较繁忙,但我知道学生的首要任务是学习。"在繁忙的学生会工作中,她始终尽力做到将工作与学习平衡,认真钻研,扎实掌握本专业基础技术操作,如 CAD 绘图、广联达实际算量、土建算量等专业必修科目,通过自身的刻苦努力,连续两年取得建筑与材料学院专业成绩第一的佳绩。

2011 年 7 月,费咏梅以优异的在校成绩和表现,顺利通过面试进入重庆建工第二建设有限公司预结算部门,从事与所学专业对口的工程造价工作。在同期进入公司的同事中,费咏梅凭借对专业知识基本功掌握扎实的优势,和对 AutoCAD、广联达算量等软件的熟练操作和技术实践,很快便适应了工作岗位的要求,也为她后期的事业发展打下了坚实的基础。工作一年以来,费咏梅努力地钻研工程造价的实际工程案例,当别人利用闲暇时间逛街休闲娱乐时,她则是把各类案例拿出来反复研究,学习他人在案例中遇到预算问题时如何处理解决的。正是这样对自己的严格要求,费咏梅对定额的熟练运用程度有了极大的提高,自身业务能力水平得到了极大的提升。入职的短短两年时间里,费咏梅独立完成了重庆融汇、重庆远洋高尔夫、重庆云湖绿岛、复地花屿城、重庆龙洲湾公租房等多个项目的工程造价工作,取得不俗的工作业绩。

因为在校期间担任学生干部的工作经历,让踏上工作岗位后的费咏梅在各方面全面发展,全方位地展示了自己的综合素养与能力。除做好本职工作外,她积极参加公司的各项活动,成为羽毛球比赛明星选手,撰写的文章也屡次在公司报刊发表,个人综合表现收获了公司上下的一致好评,并获得部门2011年"最佳新人奖"。2012年3月,由于费咏梅在公司的突出表现,以及在年轻员工中起到的良好模范带头作用,由党支部推荐,顺利转正成为一名中共正式党员。

从读书期间的勤学好学,到工作时期的勤业敬业,费咏梅用自己的实际行动诠释了什么叫坚持,她凭借自己的努力,在实现自己人生价值的路上越走越宽阔。

校友寄语:

刚进入工作单位时我感受到了扎实的专业知识带给我的好处,进入工作单位之后我感谢自己没有轻易懈怠继续钻研。我想告诉学弟学妹们,在大学的学习阶段一定要扎实掌握专业技能,提升自己的学习能力至关重要。有了过硬的本领才能不畏工作上的困难,当然你认准了的路也请咬紧牙关坚持走下去。如果成功有捷径,那么,那条路一定叫坚持。

案例点评:

从费咏梅校友的职业发展来分析,她为自己制订了清晰的职业目标,并进行了有效的管理。在校学习过程中,体会到了大学阶段的专业教育不是专才教育,大多数还是属于通才教育,她在学校还接触了其他学科领域,如参加文体活动、担任学生会干部等实践活动,接触了社会科学、人文科学等,使自己成为一个拥有全方位知识体系的人。在就业后,处理好了专业与职业的关系,是典型的一对一关系,即一个专业方向对一个职业目标,将自己所学的工程造价专业对应到建筑行业,短短时间内就取得了不俗的业绩。目标清晰明确且一直保持一颗勇往直前的心,这是费咏梅校友传递给我们最有价值的力量!

费咏梅

优秀学干华丽转身，三尺讲台初心不改

2014 届传媒艺术学院影视广告专业毕业生　刘奉

刘奉，原重庆电子工程职业学院传媒艺术学院 2011 级影视广告 3 班学生，在校期间担任学院学生会主席，曾荣获"国家奖学金"，多次获评校"优秀学生干部"等荣誉，毕业后，他选择走上了教书育人的三尺讲台，现就职于重庆市石柱土家族自治县职业教育中心。

自小，刘奉就崇拜有人格魅力的人，并一直希望自己也能成为这样的人。2011 年秋刚进入大学的刘奉就给自己树立了明确的目标，并在大学的三年中时刻按照自己的目标，稳扎稳打地前行。他追求自我人格的升华，注重对自己品行的锤炼。在大学生活中，无论在什么情况下，他都以德行至上来严格要求自己；无论何时何地，都严于律己。三年的学习生活，刘奉虚心求学、刻苦认真、吃苦耐劳，注重理论联系实际，培养自己的自学能力以及分析、解决问题的能力。在丰富多彩的大学生活中，为了扩大知识面和培养自己的业余爱好，他积极参加校内外的实践活动，重视团队合作精神，在各项活动中表现出较强协作能力和良好的适应能力，从中得到了锻炼和提高。

2014 年秋，从学校毕业的刘奉选择了教师这一职业，怀着对这份职业的崇敬感和责任心，走上了三尺讲台，成为重庆市石柱土家族自治县职业教育中心的一名教师。走上工作岗位后，他始终坚定于自己的职业选择，认为教师这一职业能将自己对真善美的追求不断地传递下去，也自觉地把教书育人当作了自己的使命。

从一名学生角色转换为教师，他深知自己不仅仅要教书，更重要的是育人。在教学工作中，刘奉一贯遵循"爱与尊重是教育的出发点"的理念。在担任班主任期间，他将其视为一门艺术，认为只有严爱相济，才可赢得学生的信赖，走进孩子们的心灵，才能在教书的同时育人。在管理班级琐碎烦冗的工作中，刘奉深深体会到：只有给学生的爱是发自内心的，才会让学生感受到爱，体会到被爱之乐，他们才会学着去爱人。"金凤凰"要爱,"丑小鸭"更要爱,对于暂时的学困生,刘奉更是倾注了满腔的心血。学困生的自尊心非常脆弱,对他们,刘奉总是像对待花朵上颤动欲滴的露珠一样格外小心,通过多谈心、多家访、多帮助、多鼓励,捕捉他们身上的闪光点趁势表扬,促其发光。"上课提问多鼓励;课后辅导要耐心;犯了错误不急躁;错误严重不发火;屡教不改不灰心;问题不解决不撒手",看似简单的几句话,是刘奉将转化学困生最深的体会和心得总结提炼而来。在关爱学困生的同时,他还关注着全体学生的发展。在教学中,结合教材的难度和学生的实际水平,对不同层次的学生设计了多种深度不一的教学方法,让尖子生吃饱,学困生接受得了,争取立足中等生,扶持差生,满足优生。

对教学方法的探索,对教育方式的研究,使刘奉如同对待自己的孩子一般,以爱心感染学生,以真诚感动家长。

有志者事竟成,在风雨中百折不挠,在人生的每个驿站留下不悔的回忆。成功属于那些战胜失败、坚持不懈、执着追求梦想而又充满自信的人。

校友寄语:

大学生活丰富多彩,可以学习专业知识,到图书馆阅读,参加体育运动,参加社团或者学生会……把握好在校生活的每一分每一秒,才能拥有一个无悔的大学生涯,不虚度年华,不浪费青春,这样,踏入社会后才能拥有强大的竞争力。

案例点评:

职业目标是生涯目标中最核心的一部分,而职业生涯目标的确立也是职业生涯规划的核心与关键。职业生涯目标的设定,是继职业选择、生涯路线选择后,人生目标的重大抉择。这是以自己的最大兴趣、最佳才能、最佳性格、最有利环境因素等条件为依据的。

刘奉进校后就确立了自己的"内职业生涯"目标,即在校学习知识、积累经验,提高能力和心理素质等培养个人综合能力,形成了稳定的内在感受。正是有内职业生涯为基础,带动了"外职业生涯"的发展,才有能力胜任中职教师、班主任、学校骨干教师等岗位。因而,在职业生涯的各个阶段,都应重视内职业生涯的发展。

在大学阶段,职业生涯目标可能是思考最多的,但需要注意的是,我们不能把职业目标仅仅理解为一份工作。职业目标是人生目标之一,不要孤立地去考虑职业目标,它是在人生目标的基础上确立的。大学生应根据社会需要和自身发展,确立自我奋斗目标和发展方向。

刘 奉

逆商决定人生高度，机电学子变身投资理财专家

—— 2013 届机电工程学院毕业生　熊军

2010 年，来自重庆万州大山深处的熊军考入了重庆电子工程职业学院机电工程学院。在他的家乡，没有城市的繁华与喧嚣，放眼望去，只有满山的贫瘠和落后。他说，那是他第一次走出大山，离开家乡，来到大城市。带着一个简单的行李袋，一份妈妈亲手做的干粮，他就独自坐上了开往重庆的火车。

抵达学校，熊军进入机电设备与维修管理专业学习。在校期间，他努力钻研，勇于担责，很快当选为班长，开始协助辅导员管理班级事务。通过长时间的积累，熊军的综合素养和工作能力都得到了全面提升，为他将来做出出色的工作业绩打下了坚实的基础。

2012 年 10 月，熊军怀揣着对未来的憧憬开始进入实习期，但当正式迈入社会，他才发现理想与现实的差距。刚开始，熊军并没有如愿寻觅到一份与专业对口的工作，于是他抱着从头学习的心态，进了一家招聘网站做电话销售员。每天早出晚归，加班加点，熊军用他的努力积累了不少的客户，拿到了在当时还算不错的薪资，在公司也被评选为"最佳员工"。可就在他以为工作顺遂之时，同行的各类招聘网站慢慢崛起，公司的客户开始流失，收入也大不如前，公司的同事纷纷离职，熊军面临重新择业的困境。2013 年 5 月，熊军进入一家房产中介公司开始了新的职场征程，本以为会顺利下去，无奈又好景不长，随着政府对房地产市场的调控力度加大，房产中介行业渐渐衰退，入职仅三个月，熊军又被迫离职了。

重新择业又失业的艰难并没有磨灭熊军的意志，生活的压力推着他前进。没时间怨天尤人，熊军再次重整旗鼓，开始了解社会经济发展动态，他以敏锐的直觉选择了金融投资行业。只是当时的他并不知晓，在多年之后，他会如此感恩自己的这一选择。

2013 年 8 月，熊军进入了现在任职的投资理财公司，虽然有着机电设备专业出身和

之前的职业经历,但他对金融投资理财一窍不通,踏入一个新的领域,就是个门外汉,必须要付出比别人更多的努力和汗水。于是,熊军从最基层的岗位做起,工作最初的主要重心就是学习,熊军针对债券、期货、股票等金融知识开始进行自学,他认为只有自己专业,才能取得客户的信任,采纳他的投资建议。终于,他的努力得到了回报,熊军连续半年每月蝉联"最佳销售",他通过自己的努力,从一个金融行业的门外汉,成为公司里最专业的投资理财顾问,熊军用 10 个月的时间,在新的领域再次证明了自己。

2014 年 6 月,凭借出色的能力和业绩,熊军被提升为团队经理,这是他人生中第一次成为管理层。此时的熊军已经不需要自己开发客户,他的工作职责变为管理团队,带领团队成员做业绩,提升他们的业务能力和专业知识水平。很快,熊军管理的团队就被公司评为"公司最佳团队"。对此,熊军说最想感谢的就是在大学做班长的经历,有了在校两年的班级管理经验做积累,让他在工作中学会了如何带领团队,如何增强团队的凝聚力和协作力。

仅隔半年时间,因团队业绩突出,熊军再次被提升为市场部总监,管理 100 人的市场销售部,一年后,熊军又被委任为分公司总经理。在他看来,这是一种偶然,也是必然,偶然的是他还未曾想过会那么快升职,必然的是他相信以他的努力终有一天会取得成功。

六年前第一次进城,三年前第一次踏入社会,两年前第一次接触金融行业,多年的努力、多年的奋斗,其中的艰辛并不为人所知晓。熊军说,他也曾伤心绝望过,但每当感到绝望,有想放弃的念头时,就会想起父母,想到自己曾经看到过的一句话:"人生没有坏事,最好的都在后面,当你觉得生活中发生的全是坏事时,只能说明你还没到最后,只有爬过了陡峻的上坡,才能站在山顶眺望风景。"如今,已成家立业的熊军也已实现了当初的梦想,将大山里的双亲接到了身边一起生活,看着父母不再日出而作,日落而息,不再为了衣食住行而愁眉苦脸,不再对着贫瘠的大山而叹息,熊军觉得,用多年的汗水和努力换来这一切,即使曾经付出再多,也是值得的。

校友寄语:

社会是个大课堂,光有学校的专业知识还远远不够,还需要不断地学习。"不经一番寒彻骨,怎得梅花扑鼻香",有了当初的努力和辛苦,才有现在的回报,因而我很感谢之前那两份工作对我的磨炼。进入公司以来,我从最初的门外汉到今天的专业理财顾问,从最基层的销售人员到今天的分公司总经理,我经历了很多人都会经历却很少人能够坚持的一个过程。我坚信,一切的努力在收获的那天都会感觉值得,当你觉得路难走时,相信你正在走上坡,而走过这段上坡路后一切都会变好的。

案例点评：

从熊军校友的职业发展历程来看，他从进校读书开始就有一个很淳朴的目标，在校学习时，积极主动参加社会实践活动，担任班长配合辅导员进行班级事务管理，从中提高管理能力。毕业时从事与原来专业不对口的行业，先后担任电话销售、房产中介销售、投资顾问、团队经理、市场部总监、分公司总经理职务，从他这一系列任职过程中可以看出两点：一是求职过程中为了适应岗位要求，中间付出了不少努力，能力才能不断提升；二是在不断升职过程中，内心也不断强大，责任也在增加。正如他讲的，觉得路难走时，要相信是在走上坡路。这就是一种对人生持有乐观积极向上的态度。所以同学们在以后当专业不对口时或面临失业再就业时，也要积极调整心态，加强新岗位的学习，努力胜任，寻找到适合自己的一条成功之路。

熊 军

把握当下，做总会发光的"金子"

2016 届物联网学院传感网技术专业毕业生　刘茂

刘茂，2016 年毕业于重庆电子工程职业学院物联网学院传感网技术专业，目前就职于重庆赛丰基业科技有限公司，从事软件测试相关工作。从学生时代起，刘茂就是一个对理想有着执着追求的人，坚信"是金子，总会发光"，他不怕吃苦受累，期望通过富有激情、积极主动地努力工作，取得最大的成就，实现自身价值。

2013 年，刘茂满怀欣喜来到重庆电子工程职业学院物联网学院，作为一名新生，他对大学的一切充满好奇与渴望。开学前，刘茂就到物联网学院协助辅导员工作，并在团总支书记带领下，负责接待新生的工作，这成为他充实的大学生活的一个良好开端。军训期间，刘茂和同学们一起在操场上挥洒汗水，那些日子虽艰辛疲惫，却又刻骨铭心，一群年轻人在共同进步中相识、相知，成为一生的挚友。

步入大学课堂，刘茂当选为物联网传感技术专业 1302 班的班长。作为班长，他以身作则，发挥榜样作用；坦诚正直，大公无私；胸襟宽广，尊重他人。同时，作为班长他善于创造条件，发挥各个同学的长处。刘茂积极与学院领导及老师、同学沟通协调，圆满完成各项工作任务，也提高了自己的组织管理能力。作为班长，刘茂更加懂得了敢于承担责任与义务的重要性。在他的带领下，他们班被评为"优秀班级"，极大地增强了班级的凝聚力和同学的集体荣誉感。

课余时间，刘茂也不忘提升自己。大一期间他加入学校英语协会，提高了英语水平，参加跆拳道协会，培养了坚强的意志品质。大二上期，刘茂通过考核加入学院陈良技师首席工作室学习，积极参加各类竞赛活动，荣获"学院物联网竞赛第三名"。大二下学期，他邀请两位同学一起参加"重庆市沙坪坝区创新创业大赛"，取得了第二名的佳绩。三年中，刘茂两度荣获"国家励志奖学金"，临毕业之际，他凭借在校期间的突出表现，光荣地成为一名中共党员。

大三开学,刘茂和几位同学去领取书本,一位年长的管理员看着他们说:"你们要毕业了吧,毕业就像失业一样,小伙子要加油呀。"一句无心的话语,却瞬间触动了刘茂的内心,他开始思考:自己毕业后应何去何从? 如何规划未来的道路? 专升本? 创业? 进企业? 面对内心这么多的问号和选择,刘茂也着急了起来。

　　经过慎重的考虑后,刘茂决定踏入社会,先选定工作目标(岗位),然后做好求职准备(制作一份精美、"合身"的简历),调整心态。第一次参加学校组织的招聘会,刘茂顺利通过面试,由于工作条件并不理想,再三考虑后选择了放弃;第二次参加学院组织的招聘会,刘茂顺利通过重庆赛丰基业科技有限公司软件测试岗位的初试、复试,最终拿到梦寐以求的 Offer。有了这些宝贵的经历,刘茂在前行的路上,越挫越勇。

　　步入新的生活环境,刘茂怀着好奇与感恩之心开启了新的旅程。工作不到一个月,公司安排刘茂到宁波学习专业的软件测试技术和流程。刘茂亦没有辜负公司对他的栽培,经过近三个月的认真学习,回到公司后将自己学到的所有测试知识灵活地运用到了实际工作中。刘茂珍惜工作岗位,热爱本职工作,经过努力,成为企业的一名优秀员工,他在平凡的工作中,做出成绩,活出精彩,不断实现了自我的人生价值。

　　大学生择业的过程是一个复杂的心理变化过程。面对严峻的就业形势与众多的竞争对手,要想获得择业的成功,没有充分的心理准备和良好的竞技状态是不行的。做好择业前的心理准备,排除心理干扰,应着重克服以下四个方面的心理障碍:

　　①自卑畏怯心理——有的同学大学生活比较顺利,也具备了一定的实力和优势,可一旦面对社会上激烈的竞争,反而容易自我否定。自卑心理使他们缺乏竞争勇气,走进招聘会就心里发怵,忐忑不安。

　　②盲目自信心理——有的同学认为自己在择业中具备种种优势:学习成绩优秀,政治条件好,学校牌子亮,专业需求旺,求职门路广,因而盲目自信,好高骛远,到头来往往因为对困难估计不足而受挫。

　　③患得患失心理——职业选择往往也是对机遇的一种准确把握。错过机遇,就可能与成功失之交臂。当断不断,患得患失,这山望着那山高,常常是导致同学们陷入择业误区的一种心理障碍。

　　④急功近利心理——有些同学在择业时过分看重地位,一心只想进大城市、大机关,去沿海发达地区,到挣钱多、待遇好的单位,这种心理只能使你得到一些眼前的利益和满足,但从长远发展来看恐怕并非明智之选。

校友寄语：

古人云："不积跬步，无以至千里""九层之台，起于累土""不善小事，何以成大器"。从我做起，从小事做起，从现在做起，这就是敬业，这就是爱岗。人生在世，总要有个人生的目标，总要有个发展的方向，总要有份事业的追求。说得朴实点，就是要有个谋生的依托，干一行，爱一行，钻一行，精一行。就像雄鹰爱蓝天，蜜蜂爱鲜花。怎样才能体现这份爱，怎样才能表达这种情呢？我们会义无反顾地选择"敬业"。俗话说得好：不爱岗就会下岗，不敬业就要失业。爱岗敬业就是要做好自己的本职工作，立足本职，把一点一滴的小事做好，把一分一秒的时间抓牢。

案例点评：

刘茂的学习和就业历程似乎是平淡的，但不简单。给大家分享他大学期间的学习生活情况、求职期间的感悟，选择从公司的基层岗位做起，并且一直脚踏实地，这就是爱岗敬业。活在当下，是我们每一个学生都应该切记和践行的，在校期间刻苦学习，同时也要做好毕业后的去向计划，不断提升自己的技能水平和职业素养；在工作中立足本职，爱岗敬业。在平凡的工作岗位上坚持不懈，努力钻研，也可以成为能工巧匠，实现自己的职业理想和人生价值。

刘 茂

笔耕不辍志愿者，不甘平庸追梦人

2016 届机电学院毕业生　母永烨

多年前，从千年绸都南充只身来到山城重庆，母永烨在这两江汇流绕城而过的城市开始了人生最美的一段青春之旅。不甘风平浪静，只为内心深处最执着的梦想；纵使前方荆棘遍布，他依旧风雨兼程，逐梦在此，不忘初心。

一、恪守学生本职，树立学业梦想

高考失利，并没有磨灭母永烨对学习的坚持与热爱，他深知只有通过更多的努力才能缩小与别人的差距。进入大学后，当很多同学仍沉浸在高考结束后的轻松氛围时，母永烨却将图书馆视作自己的精神阵地，他利用大量的课余时间前往图书馆阅读、学习，汲取知识的能量，提升自我修养，甚至在最劳累的军训期间，依旧抽空去图书馆查阅资料。努力不会白费，在正式上课前，母永烨已经对所学专业有了一个全面的认知与理解，并拓展延伸到其他相关领域。

大一时，母永烨加入了学校学生会和学校的其他社团，面对工作的烦琐与学业的压力，他没有选择退缩，而是将此化为动力，勉励自己克服困难努力学习。入校以后，母永烨在学习上从未松懈，科学的学习规划、明确的学习目标让他一直保持着专业前三的成绩。在学好本专业知识的同时，他不断提升着自己的学业层次，在 2016 年的重庆市专升本考试中，母永烨以总分 298 分、学院第一名的好成绩考入重庆科技学院本科就读。不断追逐梦想的他，还在奋力备战考研，希望自己能够在学业上再上台阶。

二、感恩社会，立梦志愿服务

"有一种生活，只有经历过，你才知道其中的艰辛；有一种艰辛，只有体会过，你才知道其中的快乐;只有拥有过,你才知道其中的纯粹"。2013年12月8日,这是足以让母永烨铭记一生的日子,那一天他光荣地加入了学院青年志愿者协会并正式注册成为一名青年志愿者。为此,他感到无比自豪,他感觉自己肩负着的不仅是一个简简单单的称号,更是一种荣誉、一种责任。大二时,母永烨负责学院的志愿者工作,在组织和协调好青年志愿服务工作的同时,他也积极地投身于校青年志愿服务总队的注册认证事务管理工作和学生会的图文工作。他曾在新志愿者报名后,连续工作十多个小时,统计报名表,仔细核对每一位报名者的信息。在学生会工作中,他圆满完成了第七届田径运动会上机电学院所有运动员赛场照片的采集工作,运动员比赛结束后,他依旧与时间赛跑,拖着疲惫的身体、穿着湿透的球鞋回到寝室,继续处理活动照片;他也曾为了做好学院"精品团组织生活"PPT等,伏案工作到凌晨四点,休息三个小时后,又起床继续奋战。在校期间,他积极组织学院青年志愿者活动,参加校级、院级活动13次,志愿服务时间累计600余小时。

三、平凡而不平庸,梦想因奋斗而美丽

生活中,他是平凡的,作为一名青年大学生,他却有着不甘平庸的梦想。当他第一次踏入校园时便告诉自己:大学就是一个舞台,心有多大,舞台便有多大。曾以为大学终于摆脱了语文和写作,但当他承担起院学生会信息工作部和青年志愿者工作之后,才明白这种想法真是太"幼稚",除了负责学院的海报展板制作、团总支微博更新、活动图片拍摄筛选之外,他最重要的工作便是撰写新闻稿。新闻稿的写作不是一朝一夕的事,而是一次又一次的反复练习,其中有太多常人无法理解的枯燥。从一开始对新闻稿的排斥到现在高效的稿件撰写,别人所看到的只是他发表的文章和获奖的光鲜,殊不知他在背后付出的却是夜以继日的反复练习:在他人全身心地体验活动的快乐时,自己却要观察、记录活动的每一个细节,寻找稿件的亮点,理清稿件的思路、意义。他为了及时出稿,有时候顾不上吃饭;为了保证申报材料的质量,经常在室友睡下之后开着台灯继续奋斗……睡得最晚、起得最早是常有的事,退稿、修改也已是家常便饭。虽然辛苦,内心的成就感、获得感却油然而生,母永烨得到的不仅仅是别人的赞誉,更重要的是获得了新闻写作的经验和对各种活动的深刻理解。

学习之余,母永烨积极参加各类社会实践活动,参与2014《职来职往》栏目就业讲座、"青爱小屋"教育活动;参加国家级志愿活动一次,校级、院级活动13次,志愿服务时间累计450余小时;此外,他还积极参加了"黑山谷"全国大学生课外学术科技作品竞赛、"高教社杯"全国数学建模大赛、学校数学建模比赛等活动共20余次,曾荣获数学建

模国家二等奖、数学建模重庆赛区二等奖,在校期间还获得"国家励志奖学金""三好学生标兵""优秀学生干部"等校级奖项十余项。

"雄关漫道真如铁",是他对梦想的追求;"而今迈步从头越",是他对梦想的执着。梦想之美,在于坚持,梦想之美,在于永恒。行走于这一条蜿蜒崎岖的追梦路,纵使前方千拦万阻,荆棘遍布,他能做的,便是做一个勇敢执着的追梦人。

校友寄语:

青年有梦,敢于追梦。每个时代都有属于这个时代背景的路,我们是新时代的新青年,要走好我们自己的"长征路"。梦想之美,在于路途遥远,在于坚持不懈。

案例点评:

母永烨同学的收获向我们展示的只有一个道理:人没有天生的运气,只有不懈的努力。尽管在高考的起点线失利,但在后面的长跑中依旧赶上了别人的脚步。他积极参加各类社会实践活动,不仅锻炼了能力,而且磨砺了心志。每位同学都应对自己的学习及人生有清晰的规划,只有为之付出了汗水,才会收获硕果。我们尽管平凡,但我们不甘平庸!

母永烨

成功的秘诀，在于永不改变既定的方向

2017 届计算机学院信息安全技术专业毕业生　倪骁

倪骁,2017 届毕业生,于 2014 年 9 月进入重庆电子工程职业学院计算机学院信息安全技术专业学习,在校期间曾任院学生会主席。倪骁认为,大学是个自由的舞台,大家可以选择以自己喜爱的生活方式来描绘大学时光,但一幅美好的大学蓝图更需要有明确的方向。因此,他给自己的规划便是在这宝贵的时间里拼尽全力去学习,不断充实自己,让自己在将来能更快地适应社会。

大一期间,倪骁担任辅导员助理,并加入院学生会以提升自己的社会实践能力与组织管理能力。工作中,他脚踏实地,做事有条不紊,先顾重后顾轻,展现了良好的大局观念和组织协调能力。他严谨的工作作风得到了老师与同学的认可,于大二当选为第九届计算机学院学生会主席。

进入大二,工作任务和学业都更加繁重,倪骁意识到,要更好地兼顾管理学生会的工作和自己的学业,必须合理分配时间。于是,他先保证完成好手头的工作,凭借高度的责任心,他总是全心全意地投入工作中,为建设一个健康、优秀、团结的学生会团体而不断努力。此外,为了不落下学习,在休息时间他便成了图书馆的常客。长期工作下来,他并不后悔自己当初的抉择,他始终认为这份选择给了自己一个很好的成长机会。通过这一职务,他得以真正体会到大学学生会的含义,促使他从各方面完善自己。他常说:"很多事情道理都一样,气急败坏地去做一件事情容易将感情因素带到工作中,从而影响工作效率,不如心平气和地面对问题、解决问题。"

进入大二下学期,意味着大学三年的时间已匆匆过半,一个残酷的现实问题——就业渐渐逼近。这也意味着,要正式告别学生身份,拿掉身上曾有的光环与标签,成为一名真正的社会人士,依靠自己的力量在社会上去占得一席之地。倪骁认为,当今社会的人才结构为橄榄形人才结构——两头小、中间大、高级人才凤毛麟角,中间一般层次的人

择一处风景　职场篇

55

占大多数。而在进入社会后能够得到快速发展的,必然是在某些方面有所专长的人才。他对所学习的信息安全技术专业有着深刻的认识:信息安全技术在西方发达国家发展迅速,但在中国还未完全普及,国家正大力支持信息安全技术这个行业的发展,此专业的相关法律法规也在慢慢规范化,而且随着信息技术的飞速发展,人们必定会面对并去解决这方面产生的问题。于是,在面对就业的问题上,他选择了继续深造自己的学业,开始了专升本的准备。

倪骁谈到,管理学生会和兼顾学业本来就存在冲突,再加上专升本的学习,他深刻感受到整个大二下学期的艰难,仿佛再次进入高考生活的紧张气氛,而唯一不同的是,现在他所走的是自己选择的路,决定了就要一步一步地走完。随着时间的推移,在大二结束时,他所带领的学生会团体获得了"优秀学生会"称号,自身专业知识水平也获得了提高,不仅获得一等奖学金,还在一年中通过网络自学懂得了微机原理和接口技术、密码学原理等专业知识。

大三期间,学生干部工作的压力减轻不少,他按照计划以专升本学习为第一要务。在他看来,在专升本的学习过程中,首先要学会调节自我的心理。随着时间的推移,因身心疲惫产生的惰性会影响学习效率,有的人不能很好地控制自己,一次松懈就可能一蹶不振,导致在学习的途中因为懈怠产生差距;有的人也因此彻底失去了对学习的动力和激情,成为差距越拉越大的最主要原因。所以倪骁始终认为,人要有敢于面对困难的勇气,明白"在哪里摔倒,就在哪里爬起来"的道理。倪骁表示,除了调整心理、端正心态以外,还应培养良好的学习习惯。学习的时候最好制订一份学习计划表,明确每天至少安排多少的学习时间,重心应该放在哪个科目等。学习中尽量排除外界的干扰,手机、电脑可以用作查询问题的设备,但用作学习途中休闲放松的工具并不合适。在倪骁看来,最好的放松方式是运动,男生可以打篮球,女生可以打羽毛球或跑步等,对身心都是很好的调节。

2017年4月,倪骁以优异的成绩被重庆理工大学录取。在他专科毕业后的暑假,为了充分利用空余时间提升自己,他四处投递简历参加面试。他认为,刚踏入社会的大学毕业生普遍不具有太大的竞争力,通过提前参加面试,可以了解到当今社会的真实需求以及自己的优势、劣势各在哪里,便于取长补短,为今后的求职做好充分的准备。通过这些社会经验的积累,他对行业和求职市场的现状有了进一步的了解,在他看来,这个过程对本科的深造甚至是未来的学习和工作都具有重要的意义。

倪骁,一个普通的大学生,按照自己选择的轨道,一笔一画地将自己的大学生活描绘得多姿多彩。他的经历没有跌宕起伏却实实在在、很接地气,是当今大学生最真实的写照,值得我们广大学生学习、借鉴。他认为,必须要感谢大学这段美好而自由的时光,因为这让他深切体会到选择方向尤为重要。兢兢业业、努力奋斗和不断拼搏、探究的精神是得到回报的第一前提,学会为人处世,懂得宽容也是得到认可的重要因素。在当今社会的大环境下,脱颖而出并不容易,认认真真做好手头的工作,向着心中的小目标不断进发,就是成长的最好证明。

校友寄语:

不要哀求,努力进取;若是如此,终有所获。做一个自尊、自立、自强的人,保持好奇心和求知欲。在实现梦想的过程中明确自己的方向,知道自己拥有什么、欠缺什么、需要什么。当然,我们永远都不可能完全准备好,我们只是在机会到来时做了最充分的准备,这时,成功往往已经触手可及。

案例点评:

回顾倪骁同学的求学时光,朴实而接地气,他懂得如何合理分配调整时间,并能全心全意地投入学习和工作中。明白自己的不足,知道自己的优势,在大多数人都感到迷茫的时候,他清楚地知道自己想要的是什么。当你有了目标并始终朝着那个方向前进,时间就会给你最好的证明。

倪　骁

视就业为创业，从学生会主席到教育集团高管

2017 届应用电子技术专业毕业生　吴海波

人不怕路远，就怕没有方向，人生每时每刻都在面临着选择，所以从某种意义上讲，选择的智慧决定了人生的成功与失败。"谁若游戏人生，他就一事无成；谁不主宰自己，他就永远是一个奴隶"。这是拓为教育市场经理吴海波的人生信条，正是这样的精神支撑着他，历经两起两落，最终成为拓为教育集团的核心骨干。

大学生活，可以说是人生中最美好的时光，但如果不进行自我管理，将时间肆意挥霍在逃课、打游戏和各种娱乐中，我们实现了所谓的人身自由吗？殊不知，看不见的危机正向我们袭来，当我们收拾行装走出校门面对社会时，面对残酷的竞争，方觉得悔不当初，只可惜为时晚矣。

与很多人不同的是，原重庆电子工程职业学院应用电子学院第四届团总支学生会主席吴海波同学从大一入校开始，就选择了让自己忙碌、充实起来，他不但积极参加学生会活动，还利用课余时间去参加社会实践，为以后的个人发展积累经验，打下基础。

大二那年，吴海波成功当选为应用电子学院第四届团总支学生会主席。两年的学生会工作以及社会实践经历让他学会了如何建立人际关系，如何管理团队，这些经验为他以后的事业发展打下了基础，为他的理想插上了双翅，支撑他飞得更远。

2016 年 3 月，吴海波因一次偶然的机会加入拓为教育集团，从校园兼职做起，仅用了短短两个月的时间，就成为拓为教育集团销售主管，带领 50 人的销售团队。2016 年 5 月，公司决定对他进行考验，先是削减团队实力，再是让其独立开发市场。"天将降大任于斯人也，必先苦其心志，劳其筋骨"，委以重任前，必然历经残酷的试炼，而这次试炼也必将决定吴海波未来的发展。

是福是祸，一切都只有亲身去体验了才知道，这是吴海波对自己的独白。那段时间，

可以说是他人生的低谷,在这种时刻,很多人也许就因此犹豫,甚至放弃,而吴海波却选择坚持不懈,选择从头再来,从无到有。短短几个月,他又凭借骄人的成绩站了起来,重新拥有了五六十人的团队。2016年10月,吴海波终于苦尽甘来,被正式提拔为拓为教育市场部经理!这也是拓为集团有史以来第一次的破格提拔!

路不怕远,就怕没有方向,没有方向是很多人迷茫的根源,就业也好,创业也罢,都可以实现自我价值,但都需要脚踏实地一步步朝自己的目标奔去!人生是一个不断向上的过程,关键是要持续地努力,而每一次的努力都会拉近我们与目标之间的距离。

校友寄语:

人只要心中有一座高山,就不会在乎脚下的泥泞!大学是我学生生涯中最后一个时期,也是最美好的时期,更是我做好准备迈上社会舞台的最重要的时期!我始终坚信只要拥有梦想,把就业当成创业一般,付出自己的最大努力,人人都能成为职场中的"杜拉拉"!

案例点评:

从吴海波校友的案例中,我们可以了解到,他在学校学习期间注重自我管理,一是学习管理,即学习态度上由"要我学"转到"我要学";二是时间管理,将学习时间计划得很好;三是人际管理,参加学生会和社会实践活动,使自己建立人际关系的能力、团队合作与协调能力、倾听与沟通的能力、说服影响他人的能力等都有所提高;四是目标管理,进校后制订了学业规划,即就业型学业规划,并按照规划在大学期间不断提高自己的专业知识水平和综合素质,最终找到自己理想的就业岗位。

在入职后,加强了自我评估和调整:一是自我反思,通过对入职后实践的回顾,反思职业生涯规划中计划的学习时间达到了没有以及还存在哪些问题;二是及时修正,根据反思结果以及领导同事的建议等找出关键的有待改进之处,修订自己的生涯规划;三是塑造积极心态,将就业当作创业来努力,全身心融入公司,把公司的事业视为自己的事业。

吴海波

致力产教融合，从名企讲师到
全国技能大赛专家

胡佳，高级工程师，就职于中兴通讯教育合作中心，2007 年从重庆电子工程职业学院（原重庆电子科技职业学院）通信工程专业毕业，于 2007 年 3—6 月进入中兴通讯学院顶岗实习，实习期间以优异的成绩通过了企业培训讲师考核，于 2007 年 7 月正式走上企业培训讲师岗位。胡佳主要从事数据通信、光纤通信、宽带接入等通信技术与产品培训工作，曾先后在中兴通讯教育合作中心的培训讲师、技术管理岗位、合作运营部等多岗位任职，个人能力得到了充分的锻炼与提升。随着公司启动了中兴通讯"赢在教育"行动计划，胡佳现在企业项目开发部负责推进校企科研与协同创新能力建设。

胡佳 2004 年进入学校学习时，便对通信技术专业产生了浓厚的兴趣，在专业兴趣的驱动下，他认真学习专业知识，扎实掌握专业技能，在大学期间就为自己做好了职业生涯规划，明确了今后的就业方向，并为之努力奋斗。临近毕业，雄心勃勃的胡佳把就业目标投向了中国最大的通信设备上市公司，全球领先的综合通信解决方案提供商中兴通讯。最终，胡佳以自己在校三年所积累的卓越表达能力、沟通能力、组织能力为基础，顺利进入了由中兴通讯股份有限公司创办的，旨在为中兴通讯的客户提供有显著价值的专业培训、咨询服务和专业出版物，提供知识解决方案的中兴通讯学院实习工作，成为一名优秀的企业培训师。

最初从事通信技术相关培训工作，胡佳的授课内容包括中兴通讯学院数据传输（NC 讲师认证）课程、数据客户 C、B、A 级培训（NC 认证 ZCNE，ZCSE 级培训）课程；传输 SDH（客户 C、B、A 级培训）课程；接入（ADSL、EPON 客户 C 级培训）课程。授课对象覆盖了高校 NC 讲师、中兴通讯学院企业代理商客户、中国移动 DT 项目客户、中国联通 DT 项目客户、中国电信 DT 项目客户。授课平均满意度在 98 分以上。2009 年 7 月，由于在培训讲师工作岗位上成绩突出,胡佳转做技术管理岗位,主要从事专业建设、课程开发、员工技能培训和提升工作。在这期间,分别与重庆电子工程职业学院、北京工业职业技术学院、南京信息职业技术学院等多所示范院校合作开发精品课程,其中"光传输系统组建与维护""程控交换设备调试与维护""3G 技术与基站工程"等课程被评为 2009 年省级精品课程,"GSM 基站建设与维护""TD-SCDMA 基站系统开局与维护"等课程被评为 2010 年国家级精品课程,胡佳个人也凭借优异的工作表现,连续三年被评为"企业优秀员工"。

2010 年 7 月,胡佳升任为企业教学资源与管理部副部长,主要负责公司教学资源建设、完善;公司市场方案实施;公司实验室方案设计、施工;员工技能培训;通信技术专业职业教育分级制改革试验;连续负责了 2009—2011 年的全国职业院校技能大赛和全国通信行业职业技能大赛方案设计、试题设计、裁判工作,成为 2011 年全国职业院校技能大赛三网融合与网络优化竞赛专家。通过自身的努力,胡佳用短短几年时间,就从一名高职毕业的大专生成为通信行业的专家。

2012 年 9 月,因公司发展需要,胡佳调岗到合作运营部,负责推进及组织协调公司重大运营计划,进行市场发展跟踪;负责政府专项项目设计、市场推广、销售与市场指导;负责合作项目/合同的专业和技术层面审核;负责市场团队技术和专业培训体系建设及实施等工作。2014 年 1 月,为了适应公司 M-ICT 战略发展部署,2014—2015 年公司在全国高校(20 + 所专科、30 + 所本科院校)中建立"ICT 行业创新基地"和"ICT 产教融合基地",启动中兴通讯"赢在教育"行动计划。因业务发展需要,胡佳调岗到开发部,在 2014、2015—2020 年教育部—中兴通讯 ICT 行业创新基地项目中,协助 ICT 卓越创新能力项目管理办公室,推进校企科研与协同创新能力建设。通过多岗位学习和锻炼,他逐渐成为公司的骨干,负责公司重大项目的建设实施。

胡佳从一名初出茅庐的大专毕业生,成为世界知名企业的专业培训师、咨询师、全国性专业技能大赛的专家,可以负责多个重大项目的高级工程师。他所取得的事业成就不仅取决于求学期间的刻苦努力、全面发展,更取决于工作期间的兢兢业业、不断钻研。他以只争朝夕的干劲,全力以赴地做好每一项工作、每一个项目,以自身的成长经历证明了成功属于奋斗者。

校友寄语:

我很庆幸我今天所从事的工作一直延续着我在校求学时的专业兴趣。时间如白驹过隙,三年的大学生活转眼即逝。获得一纸文凭不难,难的是如何让这一纸文凭更具含金量,并且能够用这一纸文凭去敲开社会的大门,这需要在大学期间就找到自己以后的学习和工作方向,并为之付出努力。珍惜当下的学习时光,只要你努力,上天就不会辜负你。

案例点评：

从胡佳的职业发展过程中可以看出，他把职业生涯规划的"三定"原则运用得很好，一是定方向，一直在与本专业有关的通信行业工作；二是定点，选择到世界知名企业工作；三是定位，在技术管理岗位上发展。

我们的国家正处于一个高速发展时期，社会充满了机会，也充满了竞争。对于有理想抱负、目标明确、脚踏实地的青年人来说，这是一个最好的时代。对于理想缺失、目标模糊、浮而不实的青年人来说，这也是一个最坏的时代。胡佳无疑是前者。有梦想，有目标，有行动，终将迎来属于自己的最好时代，赢得命运的尊重！

胡 佳

熬一份伟大
创业篇

"零缺陷"造就行业先驱，"虹龙"之父携中国制造走向世界

1985 届电子综合专业毕业生　陆航

陆航，重庆电子工程职业学院校友会广东电子信息分会会长，1985 年毕业于重庆电子工程职业学院(原重庆无线电技工学校)电子综合专业，现任东莞市丰润计算机有限公司总经理。东莞市丰润计算机有限公司是我国最早研发、生产鼠标的企业之一，也是目前中国最大的电脑周边产品专业生产商之一。2016 年，陆航携企业为母校捐资设立"丰润专项励志奖学金"。

当陆航还是一名少年时，一次随父亲到其工作单位——重庆无线电测试仪器厂参观的经历，让他对企业管理有了最初的认识——"没有质量过硬的产品，企业只有死路一条"。这个有着先进技术水平的国有企业，在当时可以说是一家名副其实的高新企业。

1985 年，毕业后的陆航循着父亲的步伐，也来到父亲所在单位工作，他的父亲当时是单位的总工程师。那时候，重庆无线电测试仪器厂与日本三洋有多项合作，在某个项目中，华强三洋有大约价值三百万元人民币的设备需要维修，提出需要两位中国工程师去华强三洋工作三年来完成所有的维修工作。然而重庆无线电测试仪器厂派出的两位工程师只用了两个多月就完成了项目。这件事在年轻的陆航心中燃起了对中国制造、中国科研的无限自信与期待，也坚定了他在日后成为投身于产品创新和改良的中国企业家的决心。

头脑聪明、动手能力极强的陆航，在最初参加工作时却不是那么一帆风顺。一次，陆航需要学习某项测试技术，了解其如何检测出产品的问题，而师傅却因有急事处理，只给陆航指导了一小时，便匆匆离开。陆航说，在当时，单位里有很多日本籍的同事，他们被大家认为是技术"大牛"，而陆航需要学习的这项测试技术，同事们已经在日本人的指导下学习了长达三个月之久。无奈之下，陆航只能凭借自己的知识和动手能力独自钻研，没想到，仅用了三天时间，他便摸清了这项测试技术的运行原理，陆航为此感到很骄傲。

为了让他得到进一步提升，父亲建议陆航前往设在深圳的分厂进行锻炼。可没想到，原本只打算在深圳暂时工作一段时间的陆航，却在深圳停留了一年，而后来，深圳也成为他真正创业起步的地方。在深圳期间，从车间管理、品质管理，做到生产管理，陆航凭借顽强的精神和超强的学习能力，掌握了整套企业管理流程，为他在几年后的创业打下了坚实的基础。

"企业家很重要的特质就是认清自己的能力范围，做自己擅长的、有把握的事情。"创业之初，陆航就面临着一个重要的分岔路口，在创业领域是选择显示器还是鼠标这个问题上犯了难。头脑冷静的陆航很快就做出了客观的分析，综合技术和资金现状，他选择进入鼠标、键盘这个创业领域。

2000年，陆航开始打造自己的品牌，并且以高效的制造技术，让品牌一直走在行业的前端。一直以全球眼光看待企业发展的陆航，判断出企业的发展维度肯定不仅仅局限在中国，而应该走向全世界。于是，公司旗下"虹龙"等品牌迅速闯入海外市场，但这也对产品的品质提出了更高的要求。在海外亚马逊的经营经验提醒陆航，任何产品如果出现超过百分之五的不良率，则产品基本上就面临着召回或"扔进太平洋"的命运，这样的一批产品则完全形同报废。在这样的理念和决策下，即使"虹龙"品牌的产品在同类产品中价格最高，但在海外亚马逊的同类产品中，却始终保持了销量首位的不俗成绩，这是品牌的质量口碑带来的结果。

仅仅高质量的产品还不能让陆航满意，他还追求"又快又好"。在互联网时代，特别是从事与IT相关的行业，从研发、生产到销售的各个环节都非常讲求速度，但在保证速度的同时，追求品质的原则同样不能丢下。同样的一款产品，早一个月投入市场与晚一个月投入市场，将是两种不同的结果，"这与战争中占领高地是一样的道理，有利的位置是打赢战役的保障",陆航这样说道。

陆航提到,为何中国的高铁博得了全世界的关注,就是因为中国制造的高铁跑得又快又好,否则一丁点的质量问题都将带来致命的后果。"又快又好"是中国制造所具备的"个性",是每位从业者都应该秉持的信念。而正是因为这样的速度和品质,让中国的工厂在全世界占有一席之地。而当前的制造业,优秀的产品已经不是依靠低成本来竞争了,而是依靠整个产业链、依靠研发的速度来竞争。保质量,才能求速度。这也是陆航一直如此追求以"零缺陷"为目标的企业管理经营模式的缘由所在。

一、创新或改良,只为"零缺陷"

在保证品质的基础上,不断进行产品创新或改良,以追求实现客户体验上的"零缺陷",这也是丰润能够保持行业领先水平的"法宝"。

提起在键盘领域对行业影响最重大的一次创新,陆航仍显得非常兴奋。机械键盘中的"机械轴",最初是德国人的发明,并已经在机械键盘中使用了近三十年。而机械键盘在中国最大的需求市场,就是不计其数的网吧。但众所周知,各地网吧的环境较差,灰尘、水渍、食物残渣甚至烟灰等都能够对键盘造成侵蚀,缩短其使用寿命。虽然键盘中的机械轴看起来没有缝隙,但是烟雾和灰尘仍能够进入,面对这样的情况,亟须在适应中国本土的使用环境下对机械键盘进行改良。

陆航发现,公司生产的机械键盘刚刚卖出几个月,就有市场反馈说由于机械轴内进入了异物,导致键盘使用时出现"卡键"情况。于是陆航找到两家供应商商讨解决之道,其中一家合作公司非常乐于改良产品,却缺乏解决的方向。于是,陆航摸索了一个非常简单直接的解决方法,他认为,灰尘进入机械轴内部时,不能通过"堵"的方式来解决,这与治水是同样的道理,一定要用合理的方式来疏导。虽不能通过技术手段百分之百确认灰尘不会进入键盘内部,但是能够将灰尘疏导至不容易让机械轴产生故障的位置。具体来说,灰尘掉落在一个平面上,陆航就在平面上加了几个凹槽,让灰尘掉落在凹槽内,避免灰尘在平面上堆积引起键盘故障,以延长产品的使用寿命。这样的改良让业内的产品设计迈上了一个新台阶,"任何问题都有一把钥匙,找到钥匙就能很快解决问题",陆航认为任何产品问题都能够通过技术手段解决,只要找对方向。

除此之外,陆航还是机械键盘防水功能的首创者。起初,他在键盘的下方设计了几个开孔,希望能够解决键盘浸水的问题。但是在产品进入市场后不久,反馈回来的消息却是在网吧使用的键盘出现了严重的腐蚀现象。于是,陆航立即带领设计同事一起做试验,将水直接倒在键盘上,却发现水根本无法流出,在这样的情况下,陆航即刻将开孔扩大，再进行试验，直到水能顺利流出来为止。但是新的问题随之而来，水是比较纯净的液体，而网吧中各种饮料浸染键盘的现象屡见不鲜。可乐等饮料与水不同，具有黏性、腐蚀性，陆航于是想到了通过将防水涂料刷在键盘上来隔绝各种液体对键盘产生腐蚀的办法。在此之后，丰润行销全球的产品都是以这样的标准来设计和生产，这样的高标准也正是其产品达到极低不良率的原因所在。直到今天，丰润仍然不定时地将自己的产品放在最恶劣的环境中寻求反馈，从而不断进行产品创新与改良。

二、"变量式"的零缺陷管理

"'零缺陷'管理是一个变量。"陆航的一句话让大家眼前一亮，应该如何理解"变量"的含义呢？陆航解释道，根据市场要求和反馈的不同，企业管理的方式也不一样，"零缺陷"所具有的意义则发生了转变。一般而言，企业的管理方式是分别从设计、检验、工艺和生产环节入手，比如在进行工业设计时，针对不同的目标市场，则设计的原则也会有所不同——针对高端市场或像网吧这样的特殊环境，这两种目标市场的设计理念是不同的。所以，在设计、评估产品的时候，就应该把产品后续的使用问题融入考量范围。"零缺陷"没有固定标准，其意义在于，今天市场的情况和环境变化了，那么昨天的标准就理应被淘汰。"丰润始终将最复杂、最困难的情况作为标准，始终以最严苛的标准要求自己的产品。"

根据市场的变化来"反哺"设计，进而从工艺上、材料上解决问题。中国汽车的制造也经历了这样的问题，中国的重型汽车是无法以载质量来衡量的。在很多现实情况下，像矿石、木材这样的重型材料是有多少装多少，超载根本不是以一倍、两倍来计算，而德国的重型汽车来到中国运送木材，几天后竟然濒临报废，这样的情况就是真实的市场环境所带来的。中国重型卡车有如此高的质量保证，正是因为它是该环境下诞生的产物。

低品质会让产品失去其本应具有的价值，造成产品的利润低下，而利润不足的企业无法将更多的财力投入新一轮的产品研发、创新和质量管理，从而造成恶性循环。陆航多次提及，品质是一个企业发展的基础。高品质的产品，才能为企业带来价值和提升空间，带来市场和效益，从而带来更多的研发和创新资金，促进企业焕发新活力。反之，则是死路一条。当前，中国制造业进入新的发展阶段，许多中小型制造企业面临着转型升级，但无论面临怎样的"新命题"，追求以"零缺陷"为目标的质量管理理念是不变的"主旋律"。

校友寄语：

1. "人要安心本分地工作，我们那时候作为技校学生，心态就比较好，工厂让你当工人，觉得也没有什么，如果让你当管理人员，你就会觉得公司重用你，工作起来就很认真，如果再把企业当自己的干，干事的心态就会更好。"

2. "不要好高骛远，人生就是一个积累的过程，知识的积累、经验的积累、关系的积累、财富的积累，当积累达到一个量的时候，成功的大门自然会向你打开。"

3. "我喜欢玩游戏，鼠标是人的电脑手，所以产品的好坏自己就是专家。"

4. "技术创新很重要，现在的市场是全球市场，产品在全球一定要有自己的一席之地，技术含量必须与全球同步甚至领先，方向明确后，就要全力投入。"

案例点评：

陆航的故事告诉我们，成功创业绝非一蹴而就，而是需要一个漫长积累的过程。要想走得更远，首先必须认真做好自己的本职工作，始终以积极、踏实的态度对待当下的工作。你现在认真做好的每件小事，都将是未来成功的基础。我们在这个案例中，看到的是一位自身不懈努力、追求卓越品质的创业者，历经十几年厚积薄发的创业历程。陆航是幸运的，但正如他所言，"人生就是一个积累的过程，当积累达到一个量的时候，成功的大门自然会向你打开"。2016 年，陆航携企业在母校设立"丰润专项励志奖学金"，专门用于资助在校优秀贫困大学生顺利完成学业，支持和激励优秀贫困学生成才进步。截至 2020 年 6 月，共有 81 名优秀贫困大学生受惠，企业捐资总额为 50.5 万元。

陆 航

致知力行，把脉精准，外企高管到鏖战商海的企业家之路

1995 届无线电技术专业毕业生　文团

文团,1995 年毕业于重庆电子工程职业学院(原重庆电子工业学校)无线电技术专业,现任重庆威冠实业有限公司总经理,任我校重庆校友会电子信息分会常务副会长。

1995 年,文团毕业后被分配至国企西南计算机工业公司。入职 3 个月后,他辞去工作,加入了南下深圳的"打工仔"行列,在唯冠科技深圳有限公司(香港上市公司)工作了近 6 年。

刚参加工作的文团就进入管理严格的外资企业,工作岗位是流水生产线维修人员,负责维修电脑显示器。当时电脑还没有开始普及,IT 技术发展日新月异,文团感到在学校学到的专业知识无法满足工作岗位的要求,于是,他买了一整套大学本科应用电子专业的课本进行自学。同事们去逛街、打牌的时间,文团都在拼命地学习专业理论知识。为了提高自己的行业技术能力,在工厂里文团向老技术员虚心请教,这使得他的实际操作能力提高得很快。即使没有任何加班费,他也主动加班到晚上九十点钟,星期六和星期天几乎都是在工厂里度过。经过一年的刻苦学习、努力钻研,文团的维修技术在工厂里面已经首屈一指了,他被提拔到工程部做 PE 工程师。到了新的岗位,文团依然加班加点地学习和工作,以便尽快适应新工作岗位的要求。经过三年时间的不懈努力,文团成为公司里最年轻的课长,后又担任公司客户服务部门主管。

2000 年 7 月,文团进入台湾美格科技有限公司(台北上市企业),担任印度尼西亚工厂厂长。工厂位于东雅加达工业区,占地三万六千平方米,有员工近千人,是东南亚最大的显示器工厂。文团到厂里的时候,工厂已经连续亏损了三年。文团积极带领员工,不断努力,终于想出了解决办法,当年就扭亏为盈,总共盈利两百多万美元。他的勤奋和业

绩得到了上级领导的认可，随后文团兼任美格科技新加坡公司总经理，负责东南亚的销售业务。在短短三年的时间内，把年销售量由不到 10 万台，提高到近 50 万台，文团获得了集团董事长的高度认可和嘉奖，年收入达 60 万元人民币。

2003 年底，文团回国创业。他先从通信行业做起，创立了重庆融美科技有限公司，2008 年他进入建筑行业，成立了重庆威冠建筑工程有限公司，完成产值 3 亿多元。2011 年底他加入重庆珠江实业有限公司，担任总经理，开发珠江太阳城住宅项目、鎏嘉码头商业项目。在此期间，文团完成了重庆大学建设管理与房地产学院项目管理的研究生学习。

2016 年文团创立重庆威冠实业有限公司，他利用在房地产开发建设方面的经验和商业运营的优势，筹集启动资金 5 000 万元，开始向"房地产 + 商业运营 + 教育培训"方向发展。

文团说，公司发展到今天，一直都很稳健，这和他一直以来秉承踏实做事、诚恳做人、不断学习、努力进取的信念是分不开的。他从最初的外资企业的基层技术人员，逐渐成长为技术骨干、管理骨干，并通过多年积累，最后创立自己的企业，在不同行业间进行转型升级。在人生的每一个重要阶段，他都会冷静下来深入思考，国家经济发展的大趋势是什么。他强调，个人的发展一定要结合这个大趋势，不断完善知识结构和提高技术水平。

他说，作为公司、作为个人，要想在某一项工作、某一门生意中获得成功，绝不是偶然的，必须要反复比较和权衡："我的核心竞争力是什么？我的优势在哪里？各行各业竞争都很激烈，我凭什么能够取胜？"事实证明，正是文团的这种勤学善思、致知力行，使他在每个阶段都获得了成功，也积累了丰厚的个人资产。

校友寄语：

1. 把握当下，努力学习，不要书到用时方恨少。

2. 谦虚，保持敬畏之心，诚恳面对工作中的同事。

3. 不要怨天尤人，无论做什么事都尽可能做到最好，这样才有机会做更重要的工作。

4. 不断学习，充实自己。任何工作的知识更新都很快，要想成功，比的是谁更勤奋，谁学得更快。

5. 成功受多方面的因素影响，如果管控不好自己，成功的希望就渺茫了。

案例点评：

文团的成功绝非偶然，他的勤奋进取是他迈向成功的第一步，而他超人的魄力和决断力则是他必然成功的重要因素。从最基层的技术人员做起，他始终保持一颗谦虚且不断奋进的心，"吃得苦中苦，方为人上人"，他正是凭借着这种坚韧不拔的意志，通过不懈的努力，充实、提升自己，在激情奋斗中绽放出了夺目的光彩。

文 团

白手起家勇闯创业之路，慧眼如炬终成商界精英

1997 届计划统计专业毕业生　夏华建

夏华建，重庆电子工程职业学院（原西南工业管理学校）1993 级计划统计 237 班毕业生。在校期间，曾先后多次被评为校"三好学生""优秀学生干部"，曾担任班级团支部书记，年级学生会分会主席，校学生会副主席、主席，重庆市学联代表。毕业前，夏华建通过自学考试取得西南财经大学工业企业管理大专文凭。

夏华建出身于重庆市永川区的一个普通农村家庭，家庭经济情况相对拮据，家庭收入全部依靠农业收入。那时，家人能把他送到当时的国家级重点中专学习，在当地已成了一则不小的新闻。夏华建至今仍然记得，当背上行囊离开家乡的那一刻，父母把他送到村口，千叮咛万嘱咐，只听父亲不停地重复着一句话："娃儿啊，好好读书，成龙上天，成蛇钻草。"夏华建默默地记住了父亲的话，坚定地向山外的世界走去。

1997 年 7 月，夏华建以优异的成绩毕业，被分配到成都市中国人民解放军 5701 工厂，入厂后被安排在人事处干部组工作。这在同期进厂的同事看来，已经是一个令人羡慕的岗位。夏华建没有辜负工厂领导对自己的厚爱，用爱岗敬业、踏实勤奋的工作态度来回报组织。1998 年 3 月，由于表现突出，夏华建被组织调到团委，担任团委书记一职。

夏华建说，在人事部门工作的一年多时间，由于工作特别繁忙，每天都要处理许多繁杂的事务，他很少有时间思考自己将来的路。来到团委工作后，长期和青年人打交道，了解了很多青年人的想法，也更加关注自己的未来：自己家庭贫穷的状况是否可以依靠现在的收入得以改善？父母对自己的期望是否可以通过现在这条路实现？余生是否就这样在温饱无忧的日子里度过……诸如此类的问题一直困扰着他。

经过近一年的思考，1999 年 5 月，夏华建向公司递交了辞职申请。当时的 5701 工厂，也面临着企业效益下滑的状况，企业不少员工也在陆续离开。在这样一个背景下，夏

华建顺利得到了公司的辞职批复。

离开 5701 工厂，夏华建花了整整 15 天的时间，遍访了成都及周边的企业单位，终于被刚到成都的深蓝集团成都分公司选中。从 1999 年 6 月到 2003 年 6 月，他在成都深蓝集团，从一名普通业务员做到片区业务经理，到部门经理，再到分公司负责人。其间，夏华建由于表现突出，业务能力强，2000 年 3 月起，被调到深蓝集团贵阳分公司做经理。

虽然离开了大本营，但夏华建在贵阳分公司仍然干得有声有色，公司业绩蒸蒸日上。相比在 5701 工厂时期，他的收入翻倍，业务能力也得到全面提升。他总在思考一个问题：我现在有了这样的团队管理能力，是不是可以建立属于自己的公司？带着这样的想法，夏华建把这几年工作的全部积蓄汇集起来，希望再用两三年的时间，积累自己创业的资金，同时思考着创业方向。

每天回到自己的出租屋，夏华建习惯泡上一杯湄潭清茶，思考做点什么。一天，华灯初上，他实在太疲惫了，起身瞭望窗外，试图缓解自己疲惫的身躯和不宁静的内心。这时，他看到了窗外一个巨大的广告牌，广告牌上醒目的大字和远处闪烁的霓虹灯一唱一和，仿佛在交流着什么信息。他飞快地回到自己的写字台前，在纸上记下了自己的重大发现。

2003 年 6 月，夏华建创办了贵州前沿广告公司。公司规模从最初的 50 平方米，发展到后来的 200 平方米；从最初的 3 个人，发展到后来的 20 余人；注册资本从 20 万元发展到上千万元，这一切都是在短短 4 年时间内完成的。公司不断滚雪球，壮大后的前沿广告公司，面临着许多传媒行业团队的挑战，业务渐渐变得不如从前。

这时的夏华建并没有着急，他在思考着如何进行转型，如何满足老百姓的现实生活需求和精神需求。2007 年，春节刚过，他带领着他的团队，合伙投资房地产行业，同时抓住这几年的旅游热，开始涉足旅游开发项目。目前，他正集中全部精力，利用贵州省黔东南州雷山县少数民族民俗风情和风景独特的旅游资源，开发打造全球最大的苗寨——"西江千户苗寨"景区游方街。在游方街，夏华建和合伙人拥有自己的民俗特色餐饮店——德享楼，拥有民俗风情酒店——朗云台宾馆，拥有集娱乐、民俗歌舞、酒吧于一体的枫鼓舞蝶酒吧，拥有集购物、休闲、观光于一体的游方记商场。

夏华建告诉我们，他现在特别忙，每天要花很多的时间和精力来打理这些店面，确实没有时间来详细记下自己的整个创业历程。他希望有一天，自己能够回到母校，把这些年创业的酸甜苦辣全部道出来，分享给有创业想法的学弟学妹们。

校友寄语：

有的人仇视贫穷，他们认为贫穷是生活的悲剧；我正视贫穷，把贫穷作为激励我创业的助推器。我们首先要有创业的意识,然后做好知识上的储备,先就业再创业,选择自己熟悉的行业,选择合适的地址。看准合作伙伴,善于与人分享创业的经验和成果。创业过程中要有所为,有所不为,坦然面对大舍和大得。

案例点评:

从夏华建先就业再创业的案例中,可以看出他职业发展中的闪光点,也正是提升创新能力的途径:一是树立目标,为家庭、社会和国家做贡献,为实现自己的人生价值奋斗;二是勤于思考,保持思维的独立性,有很强的分析问题、解决问题的能力;三是勇于决断,在工厂工作时他没有安于现状,而是积极寻求自己未来的发展方向,并付诸实践。当广告行业竞争激烈时,他毅然转型,关注老百姓的现实生活需求,关注老百姓的精神需求,开始发展旅游创业项目,为自己的事业开辟了另一番天地。

夏华建

坚守实体经济，高质量发展
诠释深圳精神

2000 届无线电技术专业毕业生　杨雄

深圳，一个可以宽容青春与冲动的地方，人们把年华和希望放在这里，像留下了一个庄严的赌注。也许，在坎坷与希望中，深圳已成为一种情结，狂奔、跌倒、爬起，是最真的记忆；努力、坚持、冒险、沉淀，是这座城的精神魅力。

杨雄，重庆电子工程职业学院（原重庆电子工业学校）1997 级无线电技术专业学生，现深圳市普贴科技有限公司、深圳市普实科技有限公司及深圳市普乐创投投资管理有限公司创始人、董事长兼总经理，企业为深圳市个体私营企业协会会员单位，杨雄校友本人也担任重庆电子工程职业学院校友总会理事。

2000 年毕业之后，杨雄怀揣着美丽的梦想和对未来的憧憬，踏上了深圳这片创业的沃土。但初到深圳，梦想就变成了幻想。伫立深圳街头，茫然、徘徊……最终，杨雄成为一名流水线普工。半年后，他对自己的人生进行了第二次选择，成为一名产品推销员。风里来雨里去，杨雄心中始终有一个创业的梦想，于是，2004 年，杨雄举债创办了深圳市速驰科技有限公司，从事电脑及耗材销售，正式开启了自己的创业之路。创业之初，条件异常艰苦，杨雄集推销员、送货员、技术员于一身，常常面对冷面无情的拒绝，肩扛背驮地送货，个中艰辛和冷暖唯有他自知。但杨雄不气馁、不放弃，在风雨彩虹中砥砺前行。经过多年艰辛的市场经营和行业经验积累，杨雄终于顺势而上，创办了深圳市普贴科技有限公司。该公司发展至今，成为全国首家集研发、生产、销售于一体的标签色带耗材及标签打印机专业供应商。

为了企业能不断发展壮大，杨雄通过内部培养、外部引进等方式，改善团队学历和能力结构，公司现拥有 60 多名中高级专业人才和技术能手，十多项国家专利发明。普贴科技打造了在生产、研发、营销及企业管理方面颇具实力、"英勇善战、战之能胜"的精英

熬一份伟大　创业篇

团队。

此外,公司一贯坚持自主研发、自主制造、自主营销的发展之路。营销布网卓有成效,目前拥有国际国内上千个销售网点,上万名稳定、忠实的用户。产品远销美国、俄罗斯、澳大利亚、日本、印度、韩国等国家,具有一定的国际品牌影响力。

目前,公司年产值近亿元,业绩连年翻番。应该说公司的每一次腾飞都离不开创始人杨雄的奋力拼搏与艰苦奋斗,杨雄"诚信做人、用心做事"的理念铸就了普贴今天的繁荣,也必将创造普贴未来的辉煌。

为了顺应市场发展,杨雄也在寻找新的创业机会。2015年,杨雄成立了深圳市普乐创投投资管理有限公司,在农业产业、创业孵化等领域"试水"。同年,在母校重庆电子工程职业学院50华诞之际,杨雄作为校友积极响应学校号召,投入400万元建设了占地面积超过4 000平方米的"重电众创空间",为母校师生搭建了低成本、便利化、全要素、开放式的创新创业平台。"重电众创空间"于2016年4月开馆以来,助力学校成功申报"国家级众创空间",也配合学校赢得了"教育部2017年度全国创新创业典型经验高校"的美誉。

与此同时,杨雄在四川成都和南充、重庆璧山、广东惠州均投资了农业产业项目,且已初见成效,取得了良好的经济效益和社会效益,转移了农村剩余劳动力上百人。

校友寄语:

成功没有捷径,创业没有归航,创业艰苦,贵在坚持。

案例点评:

杨雄毕业后到深圳,从普工到推销员,历尽艰难困苦,砥砺前行,逐步累积自己的资源,创办了集研发、生产、销售于一体的深圳普贴科技有限公司。长期拼搏的创业过程,形成了他严于律己、率先垂范、公正待人、与员工同甘共苦、全身心投入事业中的精神和品质。杨雄敢于创新,逐步拓展教育培训、农业生态等项目,皆初见成效。在创业取得一定成绩后,杨雄不忘创业团队的社会责任,先后开展了关于员工发展计划、资助贫困学生、与母校共建双创基地等一些公益活动。在杨雄身上我们看到了艰苦奋斗、敢于创新、勇于担当的企业家精神。

杨 雄

心怀文化坚守，不喜欢做生意的生意人

1995 届财会专业毕业生　汪亮华

汪亮华，1995 年毕业于我校前身（西南工业管理学校）财会 137 班，杭州农业龙头企业、著名山核桃品牌"汪记"的创立者，为我校浙江校友会会长。

"不喜欢做生意的生意人"，这是汪亮华校友在他的 QQ 个性签名上用的一句话。简单、朴实，却道出了他多年就业创业的艰辛，也流露出他创业成功后始终平和的心态。

汪亮华在学校学习的专业是财务会计，由于性格内向，话语不多，做事精细，干什么事情都有一股认真劲，因此他非常适合做会计工作。1991 年，汪亮华以优异的成绩从浙江省临安山区考入原西南工业管理学校学习。三年里，他总是向往着将来有一份好的工作——在一家大公司从事会计工作，以此报效山区农村的父母。

1995 年，汪亮华以优异的成绩完成学业，分配到国有企业杭州玻璃总厂财务室，成为一名出纳员。他每天按时上班下班，一丝不苟地处理着公司的会计事务。但每当夜幕降临时，回到宿舍，他的心里总有那么一点空荡荡的感觉。难道就这样每月领着二三百元的工资，养活自己、成家立业和赡养老人吗？将来的路该如何走，日渐成为困扰他的最大难题。

1998 年初春，迫于生活压力，汪亮华毅然向单位提交辞呈，来到一家在杭州做临安特产"山核桃"的加工企业，应聘做了一名销售员。丢掉当时所谓的"铁饭碗"，他既没有告诉亲朋，也不敢告诉父母，就这样独自踏上了挑战自我的征程。为何说是挑战自我呢？因为原本一个内向甚至不多说一句话的财务人，却应聘成为一家山核桃企业的销售员，可想而知，转型期的困难、压力有多大。因为没有销售经验，也不太会与人交流，刚开始的时候他四处碰壁，虽然每天骑着自行车早出晚归，但整整 4 个月的时间，一笔业务也没做成。正当心灰意冷的时候，一次偶然的机会，他认识了杭州解百超市的一位部门经理，在其引荐下，顺利地签下了与杭州解百超市的销售合同。接着相继与华联超市、联华超市等杭州几家大型连锁超市达成了供货协议。直到后来，汪亮华问那位经理，当初为何会"帮"自己，她的回答让汪亮华至今记忆犹新："第一，你的产品不错；第二，你人实在。"

经过3年的努力，汪亮华终于挖到了第一桶金，但还没来得及享受成功的喜悦，就遭受了生平最大的一次挫折。由于公司老板需要资金周转，汪亮华把3年所赚的近50万元钱全部借给了他，不料他涉及经济犯罪入狱，公司停产，一夜之间，汪亮华又回到了身无分文的状态。这个时候，他整个人跌落到了谷底，特别茫然，想过做回老本行会计，但几年销售渠道的积累，放弃又很可惜，想再做超市生意又没有资金实力，只有寻求投资小、回报快的机会。于是，他想到了开"特产专卖店"。

当年，整个杭州市都还没有类似的店，没有前人的经验可以参考，便只能靠自己在实践中摸索前行。2001年11月，汪亮华终于凑足3万元，在杭州市文晖路租下一个约20平方米的门面，开了杭州市第一家临安特产专卖店，迈开了自己创业的第一步。由于为数不多的资金在付完房租后所剩无几，店面几乎没什么像样的装修，仅靠在旧货市场淘来的一组货架，专卖店便就开始营业了。开张第一天，凡有生意上门时，汪亮华特别兴奋和激动，直到晚上关门算账，才发现总共不到500元的营业额里竟然收了200元假钞，第一天没赚反亏，这让他郁闷了好几天……不过他想，这大概就是开店的第一笔学费吧！

刚开始也是最艰苦的时候，在外面租不起房子，汪亮华就住在店里堆货的仓库里，每天起早摸黑，进货、送货等所有的事情都得自己做。有一次萧山区的客户需要60斤山核桃，为了省点车费，他骑了快2个小时的自行车给客户送过去，等送完货出来，自行车却被偷了。虽然汪亮华很努力，总想多做点生意，但现实是有时连房租都付不起，一方面是因为那时候人们的消费习惯还是喜欢进超市买东西；另一方面是由于店的知名度低，还不被人信赖。这样的状况让他感受了前所未有的压力，毕竟他早已没有退路。困难促使他对门店的经营思路重新进行定位，他原以为自己的产品定价比超市便宜，自然生意就会好，但后来他才慢慢地明白除了要体现自己的优势外，更要学会创造吸引力，包括提高产品的品质、提供周到的服务、积累良好的口碑等。

新的定位、新的开始。他逐步引入临安各大知名特产品牌，在产品品质上把自己从经营没有品牌产品的低价模式，升级到了一个代理各大品牌产品的销售平台。通过销售成熟的品牌产品，建立了顾客对门店的信任基础，根据不同的消费对象，在产品层次上也更加细化，同时提出了"无理由退货"的客服原则，一系列的改进在一年之后终于收获了成效——门店开始盈利。

随着客户越来越多，汪亮华的信心和干劲越来越足。他将店面从原来的20平方米扩大到近150平方米，人员上也从自己单打独斗，发展到6个人的团队。2003年，他相继在开元路、平海路开了两家分店,业务也逐步走上快速发展的轨道。

2004 年,正当汪亮华踌躇满志、想大力发展的时候,更多的人看到利润可观,进入了这个行业,竞争压力马上凸显。几乎一夜之间,杭州城里大街小巷遍布了"临安特产",而且风格、模式、经营产品均与他雷同。面对这么多的"模仿秀",汪亮华很无奈,也这才意识到创建自己品牌的重要性。做人家的品牌,缺乏主导权、市场定价权,面对竞争,优势很难体现。他下定决心,在临安投资创办属于自己的山核桃加工企业,建立自主品牌——"汪记"。

做品牌,简单地说就是做口碑,用心做好品质、服务、售后等与客户体验相关的所有细节,"汪记"通过十年如一日地坚持,终于赢得了消费者"品汪记,不忘记"的赞誉。企业发展至今已有一家观光体验工厂,20 多家连锁门店,130 多位员工,拥有 15 000 亩山核桃林基地,年产值近亿元,被评为"杭州农业龙头企业""山核桃行业标杆企业","汪记"天猫旗舰店的综合评分进入全国坚果前 10 强。随着企业的壮大,责任也就越重,现在的"汪记"已不再只是肩负汪亮华个人的梦想,更多的是肩负对员工、对社会的责任。

校友寄语:

我是一个普通的农村小伙子、一个学财会管理的学生,通过十余年的奋斗,为自己打下一片小天地。每个人的能力与经验都不是与生俱来的,我特别感谢在母校学习的四年时光,正是那四年培养了我的独立能力,教会了我做人的道理。创业以来所经历的一切"看似寻常最奇崛,成功容易却艰辛"。反思自己,有如下几点感悟:一是任何时候都不忘努力学习,培养责任感和学习的动力。二是抓住机遇,大胆创业。三是创新管理手段,提高质量。四是心怀大爱,回报社会。

案例点评:

"一路走来,一路艰辛"。一个农村出来的学生,没有任何背景,没有资金,没有经验,没有的东西太多,有的只是热情、梦想、信念和不懈地努力付出,他的成功之路慢慢地被走了出来。从汪亮华先就业到创业,从创业到创新经营的历程中,我们看到,他首先是依托专业就业,在就业过程中不断反思自己的职业发展。其次敢于挑战,毅然辞去"铁饭碗",做一名销售员,提升自己的能力并积累资源。最后,善于挖掘自有资源寻找好的创业项目,充分利用自己的专业、特长、经验等创办了自主品牌——"汪记"。

汪亮华

瞄准方向，争当安全设备研发销售领域"领头羊"

2001 届计算机应用专业毕业生　丁建斌

丁建斌，男，1998 年进入重庆电子工程职业学院〔原重庆电子职业技术学院（东院）〕就读计算机应用专业，2001 年毕业后，主要从事高新刑侦技术、司法鉴定、公共安全检查设备的开发、研制、生产和销售。通过多年坚持不懈地努力，丁建斌不仅在竞争激烈的 IT 行业站稳了脚跟，而且公司发展也越来越壮大，越来越辉煌。现在，丁建斌为多家公司创始人与合伙人，其成立的公司已成为多家政府采购中心公安刑侦设备的备案供应商。

2002 年 5 月，因销售业绩突出，丁建斌被上海联汇电子有限公司指派到新开门店担任店长，同年，因公司改制，他承包了公司位于上海市中心四川北路的门店。

2003 年初，丁建斌创立了上海三舢数位计算机科技有限公司，主营计算机及周边设备的销售。

2004 年 3 月，公司出资和他人合作成立上海恒光警用器材有限公司。主要从事高新刑侦技术、司法鉴定、公共安全检查设备的开发、研制、生产和销售，服务于中国的公、检、法、司等执法机关。

2005 年 4 月，因公司业务发展需要，成立上海百兆安全设备有限公司。经营范围不变的同时，公司大量引进国外最先进的刑侦设备，成为美国 APPOGE 公司的指纹痕迹全光谱 CCD 中国区总代理，美国 QWONN 公司的警用视频内窥镜、FR 系列警用追踪系统、QN 系列侦察取证器材、侦察指挥车无线图像传输系统等产品的中国区总代理。

2005 年 7 月，公司成为公安部物证鉴定中心刑事科学技术协会团体会员。

2005 年 10 月，公司成为上海、天津、重庆、河南、四川、福建、广西、湖北、浙江、江苏、云南等地政府采购中心公安刑侦设备的备案供应商。

2006 年 7 月,公司成为"奔驰特种车辆(中国)公司"指定供应商,为其侦察车和指挥车的改装提供无线图像传输系统。

2006 年底,公司被注册地工商部门评为"最具发展潜力中小企业"。

2007 年 10 月,公司与美国 QWONN 公司共同出资各占 50% 股份,在上海南京路 580 号南证大厦成立"晴天(上海)有限公司",同时原"上海百兆安全设备有限公司"更名为"上海百兆康恩安全设备有限公司"。

丁建斌说,每个人都梦想着当老板,不管他的出身如何,有无资本。创业之初,面临的最大问题就是资金的问题,大家称之为创业第一桶金。许多刚毕业的大学生都十分埋怨,苦于无伯乐相识。或者是一些热血青年,创意无限,好像万事俱备,只欠投资了,仿佛只要你给他根棍子他就能把地球撬起来。

他说,这种冲动和创业激情是难能可贵的,但是如果盲目自大,必然招致创业的失败。丁建斌说,毕业后,自己有幸成为创业大军中的一员,凭借着满腔热情和坚持不懈地努力,成为高新刑侦技术、司法鉴定、公共安全检查设备的开发、研制、生产和销售方面的领军人。应该说丁建斌是幸运的,但同时,他的成功也是他审慎选择、始终坚持的结果。于是,做到极致,便是传奇。

校友寄语:

1. 不要盲目投资或盲目导入资金流。许多人渴望成功创业,于是盲目地向家人朋友借钱……我所要说的就是先确定你的创业投资方向,你看好哪块市场,你对哪方面比较感兴趣。说到这,有的朋友可能会说我也不知道,或者说哪个赚钱我就投资哪个。其实不然,因为你在做一件事的时候,只有认真用心去做才会有好的收益。你投资餐饮,却不喜欢油烟厨房;你投资蔬菜经营,却讨厌泥巴泥浆等。你想结果会如何? 确定好大的方向,接下来就是实施了。

2. 自己找第一桶金。你可以在公司上班或者帮人打工以吸取经验和累积原始资本。有的人可能会说,有没有搞错,我一年能赚多少钱? 那点钱够干什么啊。事实上,如果你创业初期就有大量的资金那也就不叫创业了,你那叫老板做生意。大家应该听说过"换客",现在很时髦的,就是通过一个网站平台,把我们的东西进行交换。大家知道吗?"换客"网站的起源是有个年轻人,他用一枚红色的回形针换了一套别墅! 可能有点不可思议,可这就是事实。懂经济的朋友应该知道,他的这种方法只是一种价值的累积收益。他的例子很好地告诉我们,你并不需要有多少钱就可以创业。

3. 不断完善,让你的第一桶金升值。小试牛刀后,大家可能尝到了辛酸或者收获到喜悦,你会赚到你的第一桶金,不论多少。现在我们要做的就是让你的第一桶金升值,让它像滚雪球一样,不断完善你的公司、店面等,但记住你现在不是要去盲目地扩大再经营,你必须要让你的生意接受市场和消费者的考验,让它磨砺成一块坚硬的石头,同时积累经验。

案例点评:

　　丁建斌的创业故事告诉我们,创业不能盲目,不能急躁冒进,只有准备得越充分,成功的可能性才会越大。特别是要走好第一步,好的开端就是成功的一半。现在的创业者很多人都想一步登天,不能沉心静气,脚踏实地,没有做好各方面的准备,导致创业屡屡失败。现代社会越来越讲求分工合作,市场细分的程度越来越高,我们做好某一个细分市场,走专业化道路,干自己最热爱、最拿手的事,成功的可能性才是最大的。

丁建斌

勇于开拓，从创业"小白"到建材大亨

2005 届通信工程专业毕业生　郑文博

一、建立生涯目标——要有一点"野心"

2003 年 9 月,郑文博进入重庆电子工程职业学院(原重庆电子科技职业学院)通信工程专业学习,2005 年 7 月顺利毕业。郑文博品学兼优,勤于思考,学习上努力认真,工作上积极主动,责任心强,在校期间担任过班长,是一个有理想、有创新思维的学生。

在校期间,郑文博在老师的引导和自主学习的过程中,逐步树立起职业生涯规划意识,他认为自己的人生应该自己做主,同时也在心目中定下了一个相对明确的人生发展目标。在临近毕业时,很多同学都在到处找工作,并为此焦躁不安。郑文博并不着急,他不甘心毕业后从事朝九晚五的工作,自主创业的念头越发强烈。郑文博认真评估了自己的知识、能力和兴趣所在,经过反复思考,他最终觉得从商比较适合自己,他决定在这个领域体现自己的人生价值,并相信自己能够成功。

二、独具慧眼，发现商机

2003 年 4 月 4 日,重庆市人民政府批准建设重庆大学城。重庆大学城位于沙坪坝区西部虎溪镇和陈家桥镇,占地 20 平方千米,背倚缙云秀峰,远眺歌乐美景,地势平坦,林木葱茏,依山傍水,交通便捷。重庆大学城规划入驻大学 15 所,教师、学生人数 15 万 ~20 万人,社会人口 25 万人。大学城突出以人为本,资源共享,以其生态环境优美、文化氛围浓郁、科技产业发达、综合配套完善、开放式现代化的风格,成为西部地区的高级人才培训中心、科学研究与创新中心、国际科技教育交流中心。

2005 年，郑文博从学校毕业，而此时大学城的建设方兴未艾，到处都是红红火火的建设景象。郑文博多次来到大学城考察，头脑中一直在思考，大学城建设最需要什么呢？这里到底能有什么潜在的商机呢？自己的契合点在哪里呢？对于大学城上百亿的投资规模，自己到底能参与什么？作为一个刚毕业的穷学生，郑文博只能从大处着眼、小处着手。郑文博辗转反侧，突然一道灵光在郑文博头脑中闪现，蹦出"建材"二字。经过反复调研和分析，郑文博决定进入建材行业，从最基本的，而且是每个项目都必需的、投资相对较小的水泥和河沙着手。

三、行动是关键

找到了商机，找到了契合点，问题并不是就解决了，更大的挑战还在后面！资金哪儿来？货源哪儿来？生意该如何去谈？合同该如何去签……一大堆问题困扰着创业"小白"郑文博。对于刚从学校毕业进入社会的大学生来说，这都是以前从未涉足的领域，都是从来没有遇到过的困难。没有处理这方面问题的经历和经验，成为郑文博创业路上的障碍。但他并没有被吓倒，而是坚定信念，不断地对自己说："我绝不能放弃，坚持，再坚持！一步一步地走下去！"

行动才是关键！再好的想法没有行动也是空谈，没有任何意义。想到这儿，郑文博马上行动，立即着手通过网络信息、亲戚朋友、实地调研等渠道了解货源、价格、运输等相关市场信息，学习做生意的方法技巧。经过一番摸索，郑文博心里渐渐有了头绪，有条不紊地进行着各项准备。这个过程异常艰难，郑文博四处奔波，联系水泥厂、采沙场和大大小小的各个建设工地，顶烈日、冒酷暑，风里来、雨里去。长时间繁重的工作让郑文博变得憔悴不堪，头发长了，胡子长了，没有心思修整，甚至招来别人的嘲笑。身心的折磨没能阻挡郑文博的创业激情，更没有减缓郑文博为创业做各项准备的步伐。

创业资金的筹措更是大学生创业的一道坎，郑文博也不例外。郑文博作为一个刚毕业的大学生，经济上没有任何储备，家境也不富裕，这令他头痛不已，寝食难安。经过反复的思想斗争，郑文博抱着试一试的态度，与父母商量，想要争取到他们经济上的支持。可是，父母的想法与郑文博的想法完全不一样，还没听完郑文博的话，父母就反对说："一个才毕业的大学生，翅膀那么嫩，就想做那么大的生意，太不现实了！我们是不会给你钱的！"被泼了冷水的郑文博，心里当然不好受，但同时他也理解父母的立场。但是就这样放弃吗？不！绝不能放弃！郑文博坚信，只要通过自己的努力，就一定会成功。

父母不支持，也不能坐等机会流失，必须靠自己。郑文博一方面向朋友筹措资金，另一方面自己打些零工，每天的劳累让郑文博看起来一下子苍老了许多，但他知道，自己每天都在向目标迈进。郑文博的坚忍和辛勤付出最终感动了父母，为了支持他成就一番事业，父母答应借给郑文博5万元作为创业启动资金，并提出了借款付息的要求。郑文博终于迈出了坚实的第一步。

郑文博说，命运掌握在自己手中，只要你能够投入而专注地做好每一件事，没有什么可以阻挡你的成功。2005年11月，郑文博注册了自己的公司，正式开始水泥、河沙的销售，他每天都在货源地和建设工地之间奔走，细致处理各个销售环节的工作，精心建立和维护各种客户关系，公司逐渐赢得了客户的青睐，业务从无到有、从小到大、从弱到强。由于注重质量，讲信用，薄利多销，有的客户主动上门要求合作，公司业绩蒸蒸日上。到2006年底，公司累计完成500余万元销售额，现已发展成为大学城区域最大的建材供应商。

四、放眼未来，展翅飞翔

"海阔凭鱼跃，天高任鸟飞"，取得了一点成绩就不思进取、裹足不前，是很多人在创业中都可能犯的毛病。而郑文博始终保持头脑清醒，他一直思考着事业的进一步发展与壮大。大学城的市场尽管很大，但竞争也异常激烈，必须开阔视野，到更加广阔的天地去拼搏、去发展。随着实力的提升，公司的综合经营等各方面条件更加成熟，郑文博走出大学城，进一步拓展了业务范围。2007年下半年，业务范围逐渐扩展至沙坪坝区、江北区、渝北区及璧山等区县，经营品种也由原来的相对单一向综合发展，逐步成为满足建设项目全面需求的供应商。目前，公司全年销售额突破两亿元，并正在制订今后发展的宏大目标。

校友寄语：

人要有自己独特的眼光，才能够迅速捕捉到市场的需求，应该想尽办法去深入了解和接触，拿定主意后就不能有一丝后悔，投入自己的全部精力去奋斗，并且在取得成绩后也要不骄不躁。

案例点评：

通过郑文博的成长轨迹，我们可以感受到，除了眼光独到，他勇于开拓的精神和锲而不舍的坚持也让人印象非常深刻。及早做好职业生涯规划，是大学生实现人生价值和成功创业的首要前提。郑文博积极地规划自己的职业生涯，有明确而可行的目标，对其后来创业成功至关重要。郑文博看到大学城建设这一商机，积极想办法参与，主动争取并不断付出，是其创业成功的重要保证。他勇于开拓、锲而不舍的精神非常值得我们学习。

职场耕耘奋斗者，天道酬勤创业人

2007 届汽车技术服务与营销专业毕业生　朱寅

朱寅，重庆电子工程职业学院（原重庆职业技术学院）汽车技术服务与营销专业学生，在校期间表现优秀，曾任系团总支学生会主席、团总支副书记。多次参与并组织学院的大型活动，有较高的综合素质和较强的管理能力。

2007 年 5 月，通过严格的笔试、面试，朱寅顺利进入乌鲁木齐惠通陆华汽车销售有限公司，开始为期一个月的实习。虽然没有实习工资，但对朱寅来说，更重要的是可以向有经验的销售人员学习销售知识和实践技能。

乌鲁木齐惠通陆华汽车销售有限公司是新疆唯一销售路虎牌汽车的公司。最初，朱寅每天都翻阅大量的汽车销售资料。因为所学专业就是汽车销售，自己对汽车又有浓厚的兴趣，所以很快了解了工作内容；随后，朱寅开始了实践经验的积累，第一步就是跟在资深销售顾问的身后，给客户端茶倒水，最关键的是要用心听，仔细思考师傅们为什么要给客户说这句话，客户提出的疑问师傅们又是如何回答的。空闲的时候，朱寅就通过公司的电脑查阅路虎汽车销售的培训资料，了解如何介绍车型、如何解决客户疑问、如何进行谈判、竞争车型的分析，等等。半个多月过去，朱寅逐步有了自信，也可以尝试独立接待客户了。朱寅模仿着师傅们对车型的介绍，一遍一遍地给客户们讲解，第一次介绍完，他觉得很激动，感觉客户一定会回来购买汽车，但是，师傅们都说，没有那么容易，不出所料，车没能卖出去。后来，他才慢慢意识到这项工作的艰难。朱寅的师傅有一个意向客户一直都没有购买汽车，一天，朱寅与客户进行电话联系，得知客户生病了。朱寅当天就购买了水果前去看望，并与之建立了友好关系。这件事让朱寅意识到，做销售需要平时多积累、多维系，真正用心对待客户才会收获好的结果。

师傅们每次对客户的回访都很专业，说出的每句话都经过仔细的思考，是因为他们非常了解客户的需求。短短的实习期结束，朱寅感觉很不错，觉得自己已经能够胜任一名汽车销售顾问的工作，就这样，他离开了乌鲁木齐惠通陆华汽车销售有限公司。

回到重庆后，因为朱寅很喜欢"路虎"品牌汽车，也想做一名高档车的销售顾问，于是他来到重庆惠通陆华汽车销售有限公司面试。但面试后，公司却将他婉拒，认为他太年轻缺乏经验。这对朱寅来说无疑是沉重的一击，但是乐观积极的他并没有因此消沉，反而越挫越勇。他想：不卖路虎，还有很多别的汽车可以卖。之后他又面试了很多家汽车销售公司，但始终没有被录用。

与此同时，结合母校其他的一些资源，朱寅参加了重庆俊源汽车销售有限公司的面试，面试官是公司老总。老总问："你这几年的职业规划是怎样的呢？"朱寅从自己准备从基层销售人员做起，用两三年时间积累经验，发掘资源，谈到职场目标是销售经理，并且在各方面实力具备的时候建立自己的4S店。最终，这家公司录用了他。后来老总告诉朱寅，正是他这番雄心壮志，公司才决定聘用他。

第一天上班，朱寅被安排销售"众泰"品牌汽车。和销售经理见过面后，相互做了简单的介绍，朱寅亲切地叫他毛哥。当天，毛哥就带朱寅去车展现场看情况，车展现场只有一名销售顾问，根本忙不过来，就这样，毛哥把他安排在了车展的现场。朱寅对"众泰"汽车品牌并不熟悉，经过一番了解，这才知道是小越野车，底盘高，车挺小，但是外观漂亮，加上一些改装，车型看起来真的很有味道。朱寅跟着有经验的销售顾问，听别人如何给客户介绍，了解到车型、车价及配置参数等情况后，他心中逐步有了底，接下来由于客户很多，他便加入了为客户介绍的行列中。

就这样，朱寅开始了他的第一份工作，同事们对他都很友好，看他年龄比较小，都对他照顾有加，很快，他就熟练掌握了工作流程和工作方法。

为了参加2007年10月在解放碑的车展，朱寅做了很细致的准备，车展正式开始前，朱寅在网上对车型做了宣传。车展的第一天，他就卖出了一辆车，毛哥见他来了不到1个月就卖出了车，对他评价很高，朱寅也为自己遇到一个好上司感到高兴。朱寅工作十分勤奋，到10月底他就卖出了3辆车，毛哥看他工作努力，业绩也不错，就同意他转正了。

在俊源汽车销售有限公司，朱寅成长得很快，他参加了很多车展，业务方面有了很大提高，开车技术也得到了锻炼，和同事们相处也很融洽。在这期间，朱寅利用业余时间开始做些二手车的生意，他买二手奥拓，再转手卖出去，倒手了两辆奥拓，他也尝到了买卖二手车的甜头。最后留了一辆车况很不错的车自用。

随着自我的不断成长，朱寅也开始打算改变工作环境，期待拥有一个更好的平台。这时，重庆宝盛汽车销售服务有限公司正好招聘汽车销售人员，朱寅顺利地应聘上了这份工作。就这样，他告别了毛哥和以前的同事们来到宝盛公司。

到了宝盛公司,朱寅感受到即使是同类企业,也存在很大差异:宝盛公司的管理更加规范化,对销售人员的要求也更为严格。在对 MINI 车型有了大概了解之后,朱寅凭借着自己的销售经验,很快就上岗卖车了。在宝马 MINI 上班,每天接待高端客户,接待客户的方法和谈判方式都与从前有很大的区别,通过努力,朱寅在半个月内卖出了第一辆车,这对一个新人来说已经是很好的业绩了。朱寅的勤奋和努力得到了经理的认可,推荐他到北京参加了 WELCOME TO MINI 培训,主要培训产品介绍、销售技巧、销售策略、谈判技巧等。培训老师幽默、风趣,寓教于乐,令朱寅收获很大。

公司管理严格,特别注重客户的满意度。公司老总对他们说,客户永远都是对的,如果客户错了,请参照第一句话。有时候,朱寅也会犯错,也会想不通,但是公司的理念让他以一个宝马人的要求来约束自己,不断提升自己的服务态度、说话技巧、处理问题的能力。这些都是他在宝盛公司学到的最宝贵的经验。车界有句话:丰田的营销,宝马的管理。宝马的管理是比较先进、完善的,公司有良好的奖励措施和恰当的处罚方式。很快朱寅成了宝马 MINI 重庆团队中重要的一员,他时常与经理交流,用 E-mail 发邮件,试着用英文给总部写信,把每个买车客户的档案整理完善,车卖出后,在第 5 日、第 10 日以及第 100 日回访顾客,了解使用情况。

2008 年 11 月,金融危机席卷全球,MINI 的销售量开始下滑,销售人员也开始发愁。作为从新疆来重庆的孩子,朱寅也感受到了背井离乡的艰难与不易,开始思念家乡。这时,朋友建议他返回新疆做二级经销商,销售重庆长安跨越的产品,长安跨越在新疆有不错的口碑,而且销量不错,朋友表示可为他引荐新疆的总经销商。

2009 年 1 月,朱寅回到家乡奎屯,与长安跨越新疆总经销商董事长见面。董事长很看重他之前的工作经历,认可他用心做事的态度,放心地把二级经销商权给了他,建立了初步的合作关系。

就这样,朱寅结束了打工生涯,筹借了一些资金创办了"新疆奎屯俊德贸易有限公司",主要经营长安跨越系列车型。公司虽然起步不久,但朱寅相信通过努力,不断提升销售水平,诚信对待客户,运用先进的服务理念来解决问题,一定能实现更好的发展。

校友寄语:

很多大学生都有自己的创业梦,但刚出社会的我们并不知道从何做起,我的选择也是大多数人的选择,我们不打无准备的仗,只有夯实基础,才会大大提升创业的成功率。

案例点评:

朱寅从学校到企业,从打工到自己创业,我们发现他一直很用心。"世上无难事,只怕有心人",他用心学习、用心工作、用心生活,用心对待自己身边的人和事,因此才能顺利走上创业的道路。作为一名大学生,要克服浮躁心理,沉心静气,用心做事,这是走向成功的第一步。或许,我们遇到的第一个,甚至第 N 个岗位都不是最适合自己的,但重要的是,我们从这些经历中是否能获得有价值的东西。就如朱寅,因为用心工作,在不同的企业都收获了宝贵的经验。朱寅踏踏实实从基层销售人员做起,不断积累经验,为创业打下了良好的基础,这也是他成功的前提和保障。

贫困学子演绎励志传奇，勤勉奋进
终成"创业之星"

2008 届会计电算化专业毕业生　郭勇

郭勇，2008 年毕业于重庆电子工程职业学院会计电算化专业，现为重庆特星实业发展有限公司市场部经理。

郭勇家境贫寒，在校期间就多次参加学校组织的创业活动，绝大部分学费是自己靠参加创业活动所得。自 2007 年 11 月起，郭勇多次就创业模式等向学校进行咨询，并于 2008 年 3 月成功申请大学生小额贷款，加盟重庆"特星"连锁（"特星"品牌由原"双星"品牌更名而来），负责连锁店的管理和运营。郭勇工作认真、积极负责、团结同事、潜心钻研业务知识和技能，很快，他的个人工作能力得到迅速提升。当时，正值特星品牌发展的关键时期，郭勇跟随市场部同事一起积极帮助代理组织货源、优化库存、搞促销活动……经过他和同事们的不懈努力，片区内多家经营不善的连锁店销售情况迅速得到改善，郭勇以自己的实际行动赢得了连锁店代理的信任，在公司员工中树立了榜样。借助特星创业平台，同年 4 月中旬，在公司的大力支持下，郭勇在重庆铜梁区区府接手了一家原本经营不理想的连锁店来经营。面对困难，他既不犹豫，也不退缩，由于对创业成功的急切渴望，郭勇除正常上班时间外，把业余时间也投入到了店里，亲自参与推销每一件商品，功夫不负有心人，很快，店里的销售情况得到改善，销售额也日渐提升，也正是从那时起，郭勇有了创业的第一桶金，为后面的快速发展奠定了基础。

有了连锁店管理的经验后，6 月初，郭勇又在铜梁区区府新开两家门店，截至 2008 年 8 月，在不到半年的时间里郭勇拥有的连锁店数量就达到 5 家，年收入 70 余万元。为了响应公司大力发展连锁网络的号召，郭勇数次放弃休息时间，四处寻找适合开店的区域位置，截至 2008 年年底，他个人新建店的数量达到了近 20 家（其中郭勇亲朋的店就达 10 家），年销售额过千万，为公司连锁网络发展和销售额提升做出了重要贡献。由于工作表现突出,2008年年底,郭勇被公司授予"特星连锁星光奖最佳新人奖""特星2008最佳建店能手"两项荣誉称号,并提任公司市场部经理一职。

2009年初,集团正式面向全国发展,并从重庆公司派出工作团队,开发江西市场。这时,郭勇主动向公司领导提出到江西开拓市场的申请,公司同意了他的请求。短短两个月的时间,郭勇就和公司团队其他成员一起在江西市场新建了13家店,且运营良好,为特星品牌在江西的发展奠定了坚实的基础。郭勇作为一名大学毕业生,为公司其他大学生树立了很好的榜样。现在的郭勇已经购房买车,在物质上有了很大的改善。伴随着公司的快速发展,勤勉奋进的郭勇的个人事业也逐渐提升。

2009年4月,中国高等教育学会、中国职业技术教育学会评选30位高职毕业生"创业之星",郭勇被母校推荐为学校的"创业之星"候选人,并荣获全国高职院校"创业之星"的荣誉称号。

校友寄语:

一个人的力量终究比不上一个团队的力量,选择一个好的平台再加上自己的不懈奋斗,才会大大提高成功率。正确认识自己的能力,将其最大限度地在团队中发挥出来。

案例点评:

创业有多种方式,郭勇选择了团队创业。俗话说,背靠大树好乘凉,郭勇利用重庆特星集团这个企业平台,演绎了一段自己的励志传奇。重庆特星集团通过创业大赛,选拔高校毕业生加入他们的团队,进行团队创业。郭勇正是找准了创业模式,很好地解决了自己在创业之初可能面临的一系列问题,如管理模式、营销模式、资金支持(部分)等,正是这样的选择,让郭勇最大限度地规避了创业的风险,增大了创业成功的机率。

志美行厉，不甘平庸的 IT 互联网追梦人

2009 届网络技术专业毕业生　王少朋

2007 年，在火车上站了 36 个小时后，王少朋来到了山城重庆。彼时的他对重庆、对重电都一无所知。复读两次依然没能如愿考上自己心仪的学校，心中免不了落寞，欣慰的是这次的录取专业是他喜欢的 IT 方向。像是一个刚刚能感知世界的学龄儿童，王少朋步入了重庆电子工程职业学院的校门。

进入大学后，王少朋内心的灰暗、落寞慢慢地发生着改变。他开始主动与老师、学长们交流，开始积极参与社团学生会活动，参加学校组织的各种比赛，大学的日子过得单纯而美好。

大一快要结束的时候，王少朋开始厌倦平淡的生活，他慢慢有所懈怠，特别是在专业技能方面也不再去深入钻研，日子有点得过且过。

有一次，王少朋与老师谈心，老师告诉他，要想成功就要忍一时之寂寞，走在前面的人往往是孤独的。和老师的这番谈话让他想了很久，到底怎样的人才是走在前面的人？有一次王少朋偶然读到了《做最好的自己》这本书，书中用了近百个真实案例阐述了如何运用"成功同心圆"法则选择自己的价值观，以及如何运用自己的智慧。这让王少朋的眼界和心智顿开。王少朋意识到，心有多大，舞台就有多大；思想有多远，未来的步伐就能走多远。抱着这样的信念，王少朋做回了之前勤勉积极的自己。他认识了很多其他高校的学生，与他们谈人生、谈理想，沟通交流思想。同时，他还利用课余时间研读《环球企业家》《中国企业家》等书籍。他知道，一定不能让自己在思想和认知上落后。

也正是思想上的转变，让王少朋明确了自己的从业方向，开始寻找与信息技术相关的实习或兼职机会，2009 年他毕业的时候已经拥有了海尔、中国移动、新浪等企业的实习经历。当然，这个过程也是极其辛苦的。每当夜幕降临，王少朋常常仰首冥思：思想有多远，才能触碰到心中的自己，才能追赶上中国一流大学生的步伐？很多年后，他才明

白,原来他心中的路从来就只有一条,那就是向上、向前,如果找不到或者偏离了自己的目标,就会迷茫,就会郁郁寡欢。大学,是人生启蒙的圣地,不仅优术,亦可明道。

脚踏实地,做好当下的事情,机会来临的时候才有能力去把握。一天,王少朋在浏览招聘网站时,看到了一张实习生大赛海报,优胜者可以获得中兴、爱立信、新浪等公司的实习机会。比赛内容是三人组队,为某企业做一个在本校的营销方案,他兴奋地报名参加了。但是,仅在网络组队上,就遇到了困难,一周过去了,没有人愿意跟他组队。最后他干脆自己做了队长,在网上组队环节的最后 10 分钟,终于组建了一个团队。接下来的两周,王少朋开始疯狂地做方案,那段时间,他把自己熬成了熊猫眼,白天上课,晚上讨论方案,周末去其他学校与好友讨论方案的可行性。

经过一路艰辛,王少朋组终于拼到了新浪网实习生大赛的总决赛,同台竞技的另外六支队伍分别来自北京大学、厦门大学、北京邮电大学等名校。王少朋和另外两名队友在现实生活中第一次相见,他们特别高兴。有了和中国知名大学学生同台竞技的机会,他们的内心无比兴奋。由于缺乏类似的比赛经验,在比赛前,看到别的参赛队伍都是着正装出席,他们只得临时跟厦大和北邮的同学借了三件正装。比赛结束后,王少朋和队友们一起在北京狂欢,他们都尽力了,结果已不重要。回到重庆一周后,王少朋接到了新浪的电话,新浪给了他实习的机会。7 支队伍 21 人参赛,最后只录用了 3 人,王少朋幸运地成为这三人之一。

来到新浪后,王少朋特别珍惜来之不易的实习机会。大学阶段的最后一年,他一直在新浪轮岗实习。后来,新浪又从全国范围内招了一批实习生,王少朋在一次团建活动中了解到,这些学生的履历真的是优秀得"逆天",看到身边的实习生拿到了很多家名企的 offer,他特别眼馋。而他,除了继续奋斗,别无选择。与他们并肩作战,更激起了他内心的"奋斗因子",更加珍惜自己好不容易得到的实习机会。

时光飞逝,很快到了毕业季,实习就要结束了。庆幸的是公司准备在轮岗实习生中发展一批正式员工,那就意味着他有可能得到在新浪工作的机会。在各个部门给予的轮岗评语中,王少朋得到的都是好评,可那时公司基本上不要大专生,对学历的基本要求都是本科,王少朋特别无奈,内心也特别惶恐。后来,在当年的事业部年会上,王少朋才知道,他之所以最后能留在新浪,是几个部门负责人都找过事业部总经理(新浪 VP)特别推荐他,得到总经理特批的结果。王少朋明白,只有更加努力地工作,才能有更好的未来。毕业 3 个月后,他得到了职位上的晋升,也获得了新浪无线事业部的"最佳新人奖"。他对新浪充满了感激,这是他成长最重要、收获最大的地方。

随着移动互联网的迅速发展,接下来的几年,王少朋先后供职于百度、阿里巴巴等企业。即使在受到阿里移动事业群(阿里大文娱事业群)重用的情况下,王少朋仍然跟随着内心的选择，毅然辞职投身到创业的洪流中。

王少朋结合腾讯的产品、百度的技术，由自己负责运营，选择了校园社交方向，想为中国大学生建一所移动的未来校园，帮助大学生扩大交友范围，服务大学生衣食住行、吃喝玩乐等各方面。尽管王少朋和合伙人之前都在各自职业领域中取得了一定的成绩，但初次创业的他们，却犯了很多不该犯的错。2015年夏，由于他们对资本市场的不熟悉，又赶上"资本寒冬"，致使公司一直没有融资成功；产品设计上太注重情怀，以至于产品研发迭代特别慢。2016年春，产品已经耗费了近百万元，逼不得已，这款承载了他们太多理想的社交产品还是停摆了。

在多次的复盘中，王少朋总结失败的原因在于自己在格局上的狭隘，对资本市场的不熟悉，以及首次创业经验匮乏。即便他们在专业上有所建树，也有相对丰富的资源，但是，创业从0到1，极难。

面对人生的低谷期，王少朋矢志不渝，调整了心态，借着共享经济的东风，调整了"船"的方向，做他擅长的市场运营，努力支撑着公司的运转。谁知"无心插柳柳成荫"，在帮助移动互联网公司的App优化投放微博、腾讯Feed流广告运作中，半年内他们的营业收入突破千万元，他们竟奇迹般地存活了下来。王少朋没有停止追求成功的脚步，近而立之年的他报读了EMBA，准备充电深造，提升自己。如今他开始筹备互联网金融的项目……

王少朋说，创业是一条"不归路"。只要坚持就有可能是繁花似锦的美好世界，跟随着你的内心吧，劈开沉寂的混沌终有黎明。

校友寄语：

创业是一条"不归路"。创业如同站在漆黑的夜晚，漫漫长路没有尽头，迎面而来的极有可能是最凛冽的寒冬、最残酷的疼痛，你可能陷入深邃的孤独，反复被现实抽打着内心，也有可能伫立于没有成功也没有失败的"死局"之中，但只要坚持努力，梦想就一定会实现。

案例点评：

从王少朋的创业案例中可以了解到，他是一个有理想有抱负、渴望成功的人。在校期间，王少朋积极参与各种活动，参加各种比赛，广泛与他人沟通交流，不断拓宽自己的眼界，完善自我的思想理念。在企业工作时，认真踏实、努力进取，为创业打下了良好的基础。创业过程中，虽然由于经验不足失败过，但依然矢志不渝、充满斗志，勇于承受创业结果的不确定性，朝着自己的梦想努力前行。

王少朋

屡败屡战，校园"金点子"的
自主创业故事

2012 届电子信息专业毕业生　胡文静

胡文静，2009 年进入重庆电子工程职业学院学习，2012 年毕业于电子信息专业，同年参加专升本考试，被重庆理工大学录取。2013 年 3 月，胡文静返回母校以计算机硬件维护为创业项目，入驻学校创业园，从此踏上漫长的创业之路。2015 年 4 月，胡文静成立了重庆创客联盟科技有限公司，并出任重庆创客联盟科技有限公司总经理。

中学时候的想法很简单，就是读书，考大学，出人头地。胡文静说，这也是秉承了父辈们最朴实传统的观念。尽管，此时的社会上大多数的人早已对专科学历不以为意。面对家里的艰难、父母的操劳，胡文静越发觉得碌碌无为地平庸度日，将大好的青春白白消耗，是对自己的一种轻视和对人生的放弃，他希望自己勇于挑战，活在耀眼的阳光下，走出自己的创业之路。

胡文静回忆说，他庆幸选择了重电。在这里，他开阔了视野，发现了一条崭新的人生道路，利用专业创业，创好业，带动大家就业。年轻的他朝气蓬勃，风华正茂，想要干一番自己想干的事业。尽管，在漫长的创业历程中，难免面对激烈的竞争、挫败与嘲笑，时刻挑战着他当初创业的决心，但他从未低头，从未想过放弃。

"台上一分钟，台下十年功"，这句谚语旨在启迪人们不经历烈火卒炼，何以成钢。任何成功的喜悦和欢笑都是用无数辛酸和汗水换来的。胡文静从未停下匆忙的步伐，将很多时间花在图书馆和培训班上，在图书馆丰富自己的头脑，在培训班里提升自己的专业技能，除此之外，还利用课余时间在校外学习，在假期从事专业技术工作，将在课堂中学到的理论知识用于实践，用作检验真理的唯一标准。

为此，他努力奋斗着：

2010 年 4 月，荣获"梦想恒温曲"征文比赛一等奖；

2010年5月,荣获"硅谷文化金点子"比赛二等奖;

2010年7月,荣获"校园感动十佳人物"荣誉称号;

2011年6月,荣获全国芯片检测及维修和信息服务优秀奖;

2011年9月,荣获全国电子设计大赛重庆赛区一等奖;

2012年,荣获全国职业院校技能大赛高职组"中盈创信"杯电子产品检测与维修(芯片级)赛团体二等奖。

时光总在不经意间溜走,不留下任何痕迹。2012年,胡文静步入社会开始了自己的实习生涯。刚开始,他在一家公司做电动汽车电源研发,实习薪资只有1 800元。2013年3月,想要闯出一片属于自己的天地的胡文静,开始了他艰辛的创业之旅。刚开始的时候创业经验不足,对具体的市场开拓缺乏相关的经验知识,创业资金短缺,创业理念淡薄,生意惨淡,但还是艰难支撑着。过了些时日后,情况有所好转,生意逐渐起步了,这个店被当地的人们所熟知了,每个月也有了将近万元的营业额。可就在生意越来越红火的时候,团队之间出现了分歧,最后导致整个项目濒临破产。对于胡文静来说,这无疑是最沉重的打击,奋斗激情瞬间跌入低谷,但他并没有忘记最初的创业梦想。

幸运的是,他得到了国家出台的大学生创业扶持政策的支持和母校的帮扶。2013年9月,在母校老师们的支持下,他重回重电。一边忙于在重庆理工大学的学习,一边利用周末时间在重电的大学生创业园里接着创业,就这样来回奔波,虽然辛苦,但也充实。在创业园里,他把所学的知识用于实践,开创了一个科技创新的平台。

2014年12月,胡文静创立了学生联合会创客联盟协会,通过在协会中设立各个部门,吸纳全校的新生加入,培养更多的人才,让他们通过履行自己的职责,和团队一起合作,充分挖掘自己的潜力。让自身的工作由压迫被动转变为积极主动,享受工作的乐趣,享受取得成绩的快乐。

初入创业园,由于企业处于初创阶段,各方面的制度不够完善,也出现过一些问题,如宣传不力、业务不好等。在学校老师的帮助与指导下,胡文静继续坚持,为了提高店的知名度,进行了大量行之有效的宣传,并为全校师生进行义务维修。义务维修时,电脑每天都达到一百多台,他夜以继日,认真维修每一台电脑。数日持续下来,胡文静疲惫不堪,但好在辛苦付出不会徒劳,义务维修活动收获了大家的信任,给之后店里的生意越做越大打下了基础。

没有两点一线的道路,没有风平浪静的航行,同样也没有一帆风顺的创业。创业,你总是要经过崎岖狭窄的山路才会走上笔直平坦的大道,满路的坎坷和荆棘可能会让人止步不前,让你退缩,而胡文静却从未忘记还有绚丽的明天等着他去拥有!

冥冥之中,命运往往自有安排,非凡的经历促进了他的发展。创业的道路虽然崎岖坎坷,但他有桀骜不驯、坚韧不拔的性格。在老师的指导下、校友的帮助下,无论日子有多么辛苦,胡文静都告诉自己:希望就在前方,梦想插上翅膀,带我飞向远方!

岁月悠悠,汹涌的江水载走纯真的幻想,梦想的天空又多了些许灿烂的云霞,引领着无数的追梦人为之奔跑,如夸父逐日般执着。永远记住:再烦,也别忘微笑;再急,也要注意语气;再苦,也别忘坚持;再累,也要爱自己。低调做人,你会一次比一次稳健;高调做事,你会一次比一次优秀。

2015 年 4 月 29 日,重庆创客联盟科技有限公司注册成功。穿越时间的长廊,回首成长道路上经历的一切,胡文静充满了感叹。那些人、那些经历、那些故事虽已远去,却深深地埋藏在他心中。如阳光下的金沙,熠熠生辉,光彩夺目。翻开成长相册,那些美好的时光又在眼前浮现。为了美好未来所付出的勤奋与努力,为了成功人生所进行的奋斗与进取,那些难忘的经历如海边那温暖双足的细沙一般,让人眷恋和难忘。

校友寄语:

学习、实践是创业的法宝。

案例点评:

从案例中得知,胡文静校友开始的人生目标是简单的,当进校后通过一段时间学习和实践,产生创意项目,也确定了自己的发展方向,那就是自主创业。胡文静在创业路上,一直不断在学习、积累,通过专升本学习、参加社会实践活动和"打工"等方式,提高自己的创业能力,寻找创业机会,与团队合作成立了初创企业。创业者最初往往缺乏资源、人脉,只有靠务实、专业、良好的人品去得到顾客的认可,才会有资源整合平台与机会。希望一步登天的想法,是不现实的。

胡文静

稳扎稳打，不走寻常路的创业"怪才"

2014 届计算机应用技术专业毕业生　邓江荣

2014 年,邓江荣毕业后应聘到重庆护航教育培训学校工作,经过一段时间的工作和努力,因为业绩突出,成为了一名优秀的教育管理负责人。在"大众创业,万众创新"的氛围下,邓江荣大胆尝试在护航教育培训学校品牌下,独立负责"书香苑专升本项目"的工作,成为毕业后短时间内就实现创业的成功案例,不仅如此,她还担任重庆护航教育梁平分校校长。为什么邓江荣能在短短时间内就从一名毕业生成长为培训学校的分校负责人? 她创业走过了怎样的一条路? 学校师生对她的创业又是如何看待呢?

邓江荣进校后就开始规划自己的大学生活:大一好好学习,尽量拓展知识面,大二开始寻找商机,力争在大学毕业的时候,通过创业改善自己的生活。进校后,邓江荣感觉大学时间相对充裕,稍不注意就会养成懒散的习惯,邓江荣是个闲不住的人,她决定提前走入社会,于是,在大一下学期便开始了积累创业经验之路,比原定计划提前了半学期。

邓江荣的第一份兼职工作是给一所中介机构贴招生海报,这是她找到的"贴一份0.50 元,贴完了就结账的工作"。中介递给她一沓海报和一瓶糨糊,邓江荣美滋滋地开始往各大校园里跑。3 天后,邓江荣按规定将海报贴在了各个校园,结账获得 100 元报酬。邓江荣又领了一些海报,继续干起来。她在身边寻找了一些家庭条件和自己相仿的同学,对她们进行简单的培训后,以每份 0.40 元的价格分发给同学们张贴,在中介与同学之间进行协调,不仅帮助了同学,自己也能赚取一定的差价报酬。一段时间后,邓江荣承包了学校所有海报粘贴的业务,也掘到了自己的"第一桶金"。

一次,邓江荣陪同学去买电脑,凭借之前练就的口才,硬是让老板把电脑价格降低了 500 元。邓江荣发现,学校很多同学都有买电脑的需求,于是她和电脑商家协商,做起了电脑销售。同学们对新电脑的需求日益饱和后,邓江荣发现部分同学因为家庭经济

熬一份伟大　创业篇

拮据买不起电脑,她又结合自己的电脑知识,选购、配置了部分二手电脑,回到校园里进行推广,受到了广泛欢迎。

大学毕业时,邓江荣用创业实践攒下来的积蓄还清了大学期间所有的学费贷款。

毕业之后,邓江荣发现虽然在大学里接受了一些大学生创业的教育,但是在如何管理知识,如何处理资源、信息等方面仍旧比较欠缺。这时她没有盲目创办企业,而是应聘进入教育培训学校工作。

邓江荣进入企业后表现优异,符合企业的人才培养条件。老师得知她的创业想法后,传授了一些创业知识和经验,学校也为其创新创业搭建了一个较好的平台——独立负责"书香苑专升本项目"的工作,并担任重庆护航教育梁平分校校长。

百度董事长李彦宏先生曾说:"年轻人应该选择自己喜欢的事创业,只有真正喜欢才能坚持下来。任何创业创新都要经历挫折磨炼,在最艰难的时候,往往是因为发自内心的喜爱,才让创业者有力量咬牙挺过来。年轻人不要怕冒险,可以做一些别人不太敢想、不太敢做的事情,很多时候创新都是年轻时做出来的。"

邓江荣的故事告诉我们:创业需要对自己有清晰的认识,大胆去做,然后不断地坚持。不忘初心,方得始终。

在师生眼里,她是个怪才。尽管现在小有成就,但邓江荣一点也不张扬。

"我们都很佩服她。"邓江荣的同学李华说,其实,同学们对邓江荣的看法分成两部分:一部分人十分羡慕她,大学毕业就能创业成功,自己赚钱;另一部分人认为她虽然创业成功了,但在学校期间没有把全部精力放在学习上,而现在又从事着与专业无关的事情,等于放弃了自己的专业,怪可惜的。

李勇老师谈起自己的这个学生时说:"我带过很多学生,但邓江荣是其中最特别的。进校后她就为自己做了学业规划,而且她勇于'不走寻常路',大学生毕业后可以选择基层就业、专升本、应征入伍、出国留学、自主创业等,而她选择最艰辛的一条创业路,不仅解决了自己的就业问题,还带动了其他同学就业。"

校友寄语:

亲爱的学弟学妹们,在"大众创业,万众创新"的美好环境中,我们高职院校学生的创业意愿更浓厚,在创业的过程中,要明白初心是什么,按照自己的想法,做自己想做的事情,激发你的潜能,认知不同的领域。在创业的过程中,我们的心态就是我们的未来,我们的态度决定我们发展的高度,心怀昂扬的斗志,不忘初心,坚持理想,不畏艰难,脚踏实地,一定能实现我们心中的梦想。

案例点评:

邓江荣校友的创业故事中,有几点值得我们学习和借鉴:一是制订了以"创业"为目标的学业规划,大一做什么、大二做什么、什么时候做什么,都做了计划。二是积累了丰富的创业知识,通过接受"创业教育"、参加社团、阅读媒体资讯、与创业者广泛交流和参加创业实践等途径了解创业知识,积累创业常识。三是通过为别人工作、进入小公司历练和建立创业人脉积累创业经验。四是通过自己的锻炼和积累,进行了风险评估,然后做出理性的创业决策。

邓江荣

持之以恒，"蜗牛"法则成就创业梦

2014届电子信息工程技术专业毕业生　杨省宏

杨省宏，曾就读于重庆电子工程职业学院与重庆邮电大学合办的第一届电子信息工程技术本科专业2010级1001班。到重庆电子工程职业学院校区就读时，刚入校的杨省宏并不迷茫，他明白自己来到大学的第一要义是学习。第一年，杨省宏加入了学校企业认知协会，他凭借兢兢业业的工作态度、自己的能力和协会干事间的和谐相处，第二年即当选为企业认知协会新一任会长。一心向学的他带领协会里的各级干事及会员，始终积极配合校招生就业处的工作直到毕业，其间，协办了学校大型职场招聘活动和职场精英挑战赛、重庆国际马拉松赛，多次带领在校干事、会员到英业达、广达等相关企业进行了参观学习活动，并接洽企业相关领导来到学校为同学们讲解企业知识，不仅自己了解到更多的企业文化，也真正实现了企业对同学们的了解，以及同学们对企业的认知。

俗语说，世上可以抵达金字塔顶端的动物只有两种，一种是雄鹰，另一种就是蜗牛。雄鹰可以凭借自己飞翔的本能展翅万里抵达终点；蜗牛则是用了一月、一年，甚至更长的时间爬往终点，在这个过程中，如果滑下来，就再向上爬，再滑下来，还要义无反顾地继续往前。而不管雄鹰还是蜗牛，到达顶端看到的都是同样宽阔的天空，因此它们都是成功的。杨省宏将这种精神视作自己人生奋斗的动力，他认为，我们每个人都要有一个这样或那样的梦想，如此一来，脚下的路才会有前进的方向。"我曾看到一位出色的画家画出一幅爬山图：山脚有人、山腰有人、山顶也有人，可是哪里人最多呢？山腰的人最多；哪里人最少呢？山顶人最少。如此说来，好多爬山的人距山顶已经不远了，可是苦于途中的困难，就选择了放弃。"他由此感悟到：人生的奋斗过程中绝对少不了"坚持"两字，否则就没有成功可言。哪怕一件小事，只要坚持去做，就一定会有收获。至于收获的多少，我们不要过分地在意，就算零星一点，也是此段人生旅程的精彩所在，爬到山顶的那些人就是由这些无数个"一点点"累积而成的。

在杨省宏看来，我们没有权利选择做雄鹰还是蜗牛，但是面对人生，我们有的是选择坚持还是放弃的自由，要想抵达人生的金字塔，我们唯有锲而不舍地坚持自己的梦想。"先制订一个小目标，比如一个亿"，这是王健林说的。真正的成功人士会有很多不一样的背景、不一样的能力、不一样的天赋，但除了那些营销贩子以外，成功人士都有一个共通点，他们会问自己一个问题：作为倒数第一，先超过倒数第二，可好？

到了大三结束，杨省宏开始思考自己未来的发展方向。同年，他进入了中国平安沙坪坝分公司进行实习，目的在于：销售工作长期与人打交道，可以更好地积累一些社会经验，为以后的创业奠定基础。在此期间，杨省宏考取了国家理财规划师初级证书，对于理财的专业性更是获得了众多客户的赞许。不过，实习期不满一年，杨省宏就毅然前往云南，开始了自己的创业之路，因为他深知，工作带给他的满足远没有达到预期，即使不被周围的亲人朋友理解，他也不后悔自己选择了的创业之路。刚到昆明，没有资金、没有资源的他只能先从销售行业的车险业务做起，以积累资金。他心里明白，只有一步一步脚踏实地，才能慢慢把事情做好。为此，杨省宏起早贪黑，几乎跑遍了昆明所有地方，为的就是早日实现自己的目标。

天道酬勤，2016年初，经过详细的行业市场调研，积累了部分资金的杨省宏胆大心细地选择了与民生息息相关的粮食行业和药材行业入行，进入每个行业都需要足够的勇气和胆识，看似简单的粮食和药材却有着一般人难以想象的荆棘，杨省宏并没有被生意上的诸多困难吓倒，反而越挫越勇，信仰更加坚定，最终，他创立了昆明仓兆贸易有限公司。如今，企业凭着较高的信誉度以及对货物质量的严格把关，深受客户的信任，事业蒸蒸日上。

校友寄语：

人生是一个不断认识自我的过程，是从生活中去认识自我的内在需要、情感观、价值观和信仰的一个过程。也许你会遇到很多短暂的困难或人生的阻碍，比如爱情的挫折、工作的压力、友谊的背叛、家庭的重担、亲人的分离等；你也会遇到很多美好的人生场景，比如工作上的顶峰体验、婚姻中的幸福时刻、人际上被人赞美等。但是，无论如何不要忘记告诉自己：我是我自己，走好自己的路，把握好我自己的人生！

案例点评：

在本案例中，杨省宏校友为了创业，做了充分的创业准备：首先，在校期间，参加实践活动，积极了解企业情况、市场行情。其次，通过到保险公司实习、进入小公司历练、建立创业人脉、考取国家理财规划师证书等积累创业经验。再次，通过努力工作，积累资金，主要以个人储蓄形式解决融资问题。最后，充分调研和论证，寻找创业项目、组建团队、撰写创业计划书，成立了自己的企业。创业如人生目标，可以分为短期目标和长远目标，在每一个阶段定下自己可以实现的小目标，一步一步朝长远目标靠近。

杨省宏

化"痛点"为创业点，"指上学车"缓解大学生学车难

2015 届计算机网络技术专业毕业生　黄思源

2015 年 9 月,刚开始的"指上学车"只是一纸策划,一个叫蒋敏的年轻人和黄思源、李惠展、张春等合伙人开始踏上创业的征程。

同年 11 月,他们带着项目策划书开赴"战场"——重庆市第五届创新创业大赛的比赛现场。赛场上,他们向评委介绍道:"指上学车"是重庆地区首家高校互联网学车平台,可以提供在线报名、体验学车、在线约车、约车评价及驾校学员管理等一站式学车服务。指上学车平台通过建立优质驾校、金牌教练库,建立第三方监督服务体系和第三方资金托管体系等方式,建立"学车包干机制",缓解大学生在找驾校时可能面临的乱收费现象,其直指当前驾培领域质量良莠不齐、潜规则多等痛点,为大学生驾校学车提供良好的服务保障。凭借自信的演说,他们赢得了创业路上的第一次荣誉——重庆市第五届创新创业大赛二等奖。

这样的成功鼓舞了团队的创业热情,也激起了他们创业的斗志。2016 年 1 月,"指上学车"微信公众号上线,并顺利入驻 4 个校区,与 20 所驾校独家合作。驾校的入驻更加让他们意识到驾培行业的前景,也增强了他们继续走下去的信心。2016 年 3 月,"指上学车"官网 1.0 上线。为了增加平台的流量,使更多的大学生了解"指上学车",他们与 Feeling 展开战略合作,扩大了平台的影响力,报名的学员达 100 人。

指上学车是一个第三方互联网驾培平台,在已有官网的基础上,还需要更加方便学员实现手机约车、约考。2016 年 5 月,指上学车 App 1.0 版本上线。指上学车 App 美工设计由设计总监冯宇康完成,分为立即报名、体验学车、预约学车、学车须知等模块,大学生通过手机,指尖轻触几下就能完成预约。学员报名完成后,他们会派出"学车管家"与学员对接,跟踪学员学车的全过程,实时解决学员与驾校之间的问题,给学员提供最舒

心的学车体验。

面对驾培业现状,他们不只局限于解决重庆大学城的大学生学车难,他们更想帮助整个重庆地区乃至全国的大学生解决考驾照难的问题。2016年9月,"指上学车"扩展到22个校区,覆盖重庆市大学城、南岸区、渝北区和巴南区,包括重庆大学、重庆邮电大学、重庆理工大学、四川外国语大学南方翻译学院等14个学校,并组建了"指上学车"团队,为各个学校的大学生提供一条龙的优质学车服务。

此时,"指上学车"团队不仅增加了团队人员和参与校区,并且发展了与其他公司和媒体的合作。2016年7月,"指上学车"获得深圳艾特米股权投资有限公司、华龙网集团、重庆日报报业集团的孵化。2016年8月,与香港格尼纳集团达成战略合作,将在湖南省范围内全面运营"指上学车"项目。至此,"指上学车"已生根重庆高校学车市场,尤其是大学城学车市场。

2016年8月,"指上学车"App 2.0上线,完善了接送一体化功能,改进了App已有功能,使学员能够收获更好的用户体验。

当前,"指上学车"在重庆各高校知名度不断提升,报名量超过300人,已实现盈利。"指上学车"当前采取派单机制,即将意向学员派给学车管家进行全程跟进服务,22个校区采取"1+5+20"管理模式,即1个校园合伙人,5个核心成员,20个长期兼职人员。不仅如此,为增加平台与学员的互动和黏性,黄思源等团队成员在2016年12月推出"指上学车公益回家第二季"活动,免费送大学生到重庆菜园坝火车站、重庆北站和江北机场,切实缓解了大学生回家出行难的问题。

在未来,他们还将推出App 3.0,增加圈子分享功能,实现产品社交化,增加用户黏性,让学车管家的服务流程更加规范,使得每一个"指上"人为学员提供贴心和标准化的服务。

黄思源表示,未来的我们,既会把目光放在全重庆乃至全中国,也会将目光聚焦于眼下的每一步服务流程,切实地缓解大学生学车难的问题。未来,"指上学车"来!

校友寄语:

我们都清楚创业之路很艰辛,我们需要面对很多的困难和挫折,面对日新月异的市场竞争,我们需要冷静地理清思路,进行充分的市场调研,良好的市场调研能为创业项目的调整与优化提供重要的决策依据,我们通过及时调整我们的战略方向,对我们的创业项目重新进行精准定位,充分考虑市场的需求状况,从知道到做到,我们花费了15个月进行艰苦探索,我们意识到:一是做用户需要的产品;二是不仅仅开发一个简单的技术产品;三是注重提高产品的服务能力和水平。只有通过不懈地努力,及时发现问题,研究问题,解决问题,我们的创业路才走得更加顺畅。

案例点评：

从"指上学车"的案例中我们可以看出，其实创业项目就在我们的身边，需求状况决定着市场状况。在选择好项目后，进行充分的市场调研与论证，一是明确调研目标；二是设计好调研方案；三是收集整理数据；四是分析调研数据；五是项目精准实施；六是反馈运行情况；七是修正运行偏差，形成一个完整的项目运行与修正循环。

任何一个项目，都没有固定的套路和模式，要结合自身的实际情况，抓住时代赋予我们的机会，通过不断完善和改进思路，发扬顽强拼搏的精神，我们相信创业者最终会取得良好的业绩。

"管理之星"与他的"见溪"文化

2016 届营销与策划专业毕业生　李雪源

李雪源,男,生于 1995 年的新生代校友代表,2016 年毕业于重庆电子工程职业学院管理学院营销与策划专业。在校期间,他身兼数职,曾任管理学院学生会副主席、班级班长、学校银领创业协会会长等。2015 年,李雪源创办重庆市源调广告传媒有限责任公司,项目服务对象含重庆万达、重庆汽博城等大型企业;2016 年,创办重庆市嗨起来老火锅餐饮服务有限公司,研制打造了鹅卵石特色、核桃特色等一系列绿色生态概念老火锅;2017 年 3 月,李雪源一切从零开始,勇敢踏上了属于自己的"北漂"寻梦之路。在积累了丰富的实战经验后,最终选择将创业方向回归本土特色美食,返渝创办了"见溪小面"。

不甘平庸,追求卓越

"小时候因为喜欢唱歌,我的理想是成为一名优秀的歌手。高三那年通过了空军飞行员极其严苛的体能测试后,也曾梦想成为一名空军飞行员,为国效力。"在李雪源看来,不同的人生阶段,理想往往会发生改变,曾经的理想有些实现了,有些与现实不符了,但最宝贵的是由始至终对梦想的那份执着。

年少的梦想渐渐遥不可及,却让 17 岁的李雪源在进入大学的前夕真正冷静下来,思考自己未来的人生规划。不甘平庸是每个人的心声,追求卓越是少数人的理想。从那时开始,一个愿望犹如一颗埋藏已久的种子在李雪源的心中渐渐生根发芽,他期望成为一名卓越的、对社会有贡献的企业家。

早在 2008 年,还是一个初二学生的李雪源就曾在课余时间经营过自己的"小买卖"。那时正是方便面流行的年代,考虑到长期吃学校饭菜的同学们想换换胃口,下晚课的同学们也可以有"美食"充饥,他以 8 毛一包的价格购入方便面,卖出时配有热水,一个月最多可以卖 1 000 多元,初中的这段经历给予了李雪源创业上的启蒙。

大学生活，创业"不等闲"

进入大学后，李雪源担任了班长、管理学院学生会副主席及学校银领创业协会会长。"学生会和社团的两份工作使我的整个大学变得更加充实有意义！"李雪源说，尤其是自己和社团的伙伴们一起举办的很多活动，不论是交友晚会还是文艺晚会，都受到了同学们的热捧，在协会中也涌现了一批优秀的创业同学。大学三年，他在课余时间经营过烧烤店，做过"互联网＋水果销售和配送"，在这些经历中，真正体会到了创业的艰辛和生活的冷暖，也学到了很多关于商业运营的基础知识。不久后，李雪源又组建了一个名为TNT的创业小团队，TNT寓意为"爆发"，他希望能通过团结一群普通的同学，去完成一些不仅能锻炼自己而且有意义的事。第一次带团队，让李雪源学到了不少的管理理念，也让他明白了团队成员之间沟通配合的重要性。

进入大三实习阶段，李雪源在上班和创业中选择了后者。他说，自己更喜欢拼搏向上的人生，喜欢每天迎接不同的挑战。大三下期，李雪源创办了重庆市源调广告有限责任公司。区别于传统的广告公司，他给予公司的定位是成为一家专注于设计与创意的新型广告公司，他认为只有走在时代的前沿才不会被淘汰。"这是我第一次真正脱离学生的身份步入社会开始创业，这种感觉要比在大学所做的那些'生意'纯粹得多，但压力也更大！"最终，这个年轻的团队吸纳了来自四川美术学院、重庆大学、四川大学等高校的优秀大学毕业生加入。经营广告公司期间，李雪源一边熟悉广告行业的相关知识，一边不断积累与客户交流的技巧，渐渐地，公司的服务对象也从一些小门店逐步拓展到汽车经销商、教育机构和大型百货公司。

然而随着公司业务规模的扩大，沟通交流的对象和内容也变得越来越复杂，不管是面对同事、客户，还是技术工人，几乎每天都会发生各种意想不到的事。"我必须解决每一个问题，做难题的第一道也是最后一道防线。"慢慢地，李雪源学会了担当，也学会了理智。同时，他又着手筹备自己的火锅店，从什么都不懂到火锅店正式营业，跌跌撞撞，走了许多弯路，也注入了很多心血，解决了资金题，解决了技术题，也解决了经营上的难题。"一路走来很辛苦，但是真的很快乐！"2016年9月，"嗨起来"老火锅在重庆市大学城熙街商业区正式开业，其个性化的环境、美味的火锅和团队的热情服务让他们拥有了很多的老顾客，得到了很多朋友的肯定和支持。李雪源说，每当这时候，就觉得一切付出都是值得的。

不负青春，永远在路上

"创业的路上最多的就是艰辛，吃苦耐劳是必不可少的。这一路上也少不了面对人性的方方面面，要与不同的人'摩拳擦掌'。可如果你想实现自己的理想，你就得去接受它、适应它，乐观地看待它。在创业过程中，失败是'常客'，面对明天的千变万化，我们最应该做的就是坚定信心,保持激情,忍受孤独,但永远别放弃自己的追求!"李雪源说,在创业的路上,也许自己会无数次改变方向,但他绝不会放弃理想——通过自己的努力成为一个卓越的、对社会有贡献的企业家。他希望用自己的方式,去为自己的人生、为社会做些有意义的事。

2017年3月,李雪源只身前往北京,踏上了属于自己的"北漂"寻梦之路。他曾着力打造一款融合性社交App,为人们提供人脉推送、个性生活展示、商户精准推广的服务,目的是丰富人们的日常生活,提高人们的生活质量。在北京期间,李雪源每天奔波于各种投资机构,投递自己的商业计划书,寻求商业合作。"在北京,投资机构有几千家,我每天找几家,一定能寻求到合作伙伴。""其实我都习惯了,创业这么多年,该遇到的、不该遇到的都遇到过,多曲折、多困难、多漫长都无所谓,因为我相信成功的钟声一定会敲响!"李雪源说。

2017年,经过重新规划,李雪源再一次调整了自己的创业方向,回归重庆本土特色美食,返渝创办"见溪小面"。"见溪,就是在森林中突然见到小溪,寓意一种成功的希望和转机。"李雪源说,这就是自己取名见溪的意义,这两个字也代表了创业者百折不挠的精神态度。目前,"见溪小面"已在重庆大学城开出4家门店,李雪源也正朝着他"见溪餐饮集团"的梦想,一步步地努力着。

校友寄语:

在千变万化的市场上,我们最应该做的就是坚定自己的信心,保持自己的激情,永远别放弃自己的追求。

案例点评:

从李雪源校友的创业之路可以看出,有失败有成功。借此我们分析一下失败的原因:一是从项目的选择上来看,选择的是生存型创业,这类项目一般竞争很激烈,加之不太熟悉,故成功概率相对较低。二是在创新项目计划准备方面,还不充分。在失败的项目中,对产品或服务定位不太清楚,行业及竞争分析不够深入。从他成功方面来看,一是要有梦想。先要敢想才会实现,所以要想改变自己的命运,就必须改变自己的观念,拿出行动。二是贵在坚持,永不放弃。创业路是艰辛的,在路上虽然失败多次,但并未倒下,一直朝着自己的目标努力。

在这里告诉同学们五个转变:首先是观念转变,然后就是行动转变,久而久之自己的习惯就会转变,慢慢自己的性格就会改变,最后自己的命运就会得到改变。

李雪源

锲而不舍，从"小发明家"到创业新星

2017 届应用电子技术专业毕业生　李文强

李文强，重庆电子工程职业学院应用电子学院 2017 届毕业生。或许因为出生在广漠的大西北敦煌，他身上带着一股大西北的汉子气魄。李文强从小做事踏实、认真，专注的程度胜于同龄的孩子，一向动手能力及创新能力较强的他在中学时期就曾荣获省级、国家级比赛的各种奖项。

从小到大，亲自动手搞一些小制作、小发明，对李文强来说都是莫大的乐趣。他在学习中表现优秀，进入中学后，接触到更多、更广的资源，对新知识的渴望也使他对创新有了更深层次的看法，期望自己的"小发明"能够更加专业化、系统化。一次，正在看体育频道的李文强被乒乓球比赛中的一个小细节吸引了注意力，他细心地发现：在进行乒乓球比赛时，发球的过程中，乒乓球触网是难免的，而有些触网球比较不容易被发现，即使使用专业的高速摄像机通过慢镜头回放来判断球是否擦网，这样的操作也必然会影响整场比赛的进度。李文强突发奇想：为什么不发明一款装置来作为判罚的有效辅助呢？最终，经过李文强一系列专业的研究与测试，一台乒乓球辅助判定显示装置诞生了。

从中学到大学，李文强拥有了如乒乓球辅助判定显示装置、微焊带锡电烙铁、踏动式轮滑鞋、防烫杯具等 20 余项发明专利。本着这份执着，进入大学后，李文强开始了他的创业生涯。

然而，创业并非想象中那么顺风顺水，从将寝室作为实验室、研发室，到得到学校领导和相关部门的认可，再到真正意义上入驻学校的创业园，这个过程并不简单。同样的大学，不一样的大学生活，在其他同学玩游戏和举行各种娱乐活动的时候，李文强却安静地在寝室学习和创作。付出终有回报，在学校领导及招生就业处相关老师的指导帮助下，李文强成立了重庆四纬度科技有限公司，创业初期，他带领团队成员荣获"2016 英特尔众创空间加速器智胜未来创新大赛（西南赛区）二等奖""2016 第一届'金甲杯'重庆市高校创新创业大赛总决赛三等奖"。在成立公司的初期,他精心准备各项有关材料,起草各类文稿,统筹各部门工作;负责汇报公司各部门的动态,协调配合各系统(部门)事宜;对各系统(部门)工作计划进行督促检查;协助其他股东开展各项工作;处理企业内部日常管理事务,协调各部门之间的工作关系。在公司里,李文强既是企业形象与产品的宣传员,也是公司重大战略的决策者。此外,他还根据公司的经营目标和发展战略,拟订人力资源开发及发展规划、年度工作目标与工作计划,并组织实施;建立、完善并指导实施公司招聘、培训体系;组织企业文化的营建,协调员工关系;负责与政府、市场监管等外联单位建立良好的公共关系等。在这段时间里,不论是芝麻绿豆的小事,还是公司发展经营战略等大事,李文强都参与其中,花费了大量的精力与时间。期间,他始终以奋发向上的心态,以顽强拼搏的勇气,以水滴石穿的努力,一步步地完成任务,提升管理能力,通过不断挑战自我,追求自己的生命价值。

经历了在学校三年的磨砺,毕业后的李文强带领已经发展壮大的团队共计20余人创办重庆伊洛特科技有限公司。重庆伊洛特科技有限公司总部坐落于重庆市大渡口区天泰·时代星座,是集计算机软件开发、硬件设计为一体的高新科技型企业。目前,公司主营各类新媒体广告设计,并与众多科研机构及科技公司形成了长期的商务合作关系,成为企业强大的技术储备保障。如今,重庆伊洛特科技有限公司秉承"新突破稳定品质,好服务走向高远"的主旨,以"自信、自理、自立、自强"为企业文化标准,全体员工本着技术为先,服务为本的经营理念,在规模化运作、规范化经营的道路上走得越发稳健。

李文强认为,企业要以客户的需求为先,以网络信息技术为主要技术方向,注重激发员工的客户意识、技术人员的创新能力以及对社会的责任感,着力打造一个跨时代的高新科技型企业。如今,公司下设安全软件事业部、行业软件事业部、客户服务支持部、硬件工程实施及维护部、综合管理部等众多细分部门,2017年整体营收达到500万元人民币。

校友寄语:

大学生初入社会,一定要从小事做起,从平凡的工作做起,把每一件事都做好。一个人要做好自己的每项工作,其实也是不简单的事,必须勤于学习,开动脑筋想办法,自强不息地去拼搏、去争取。这个过程也是自身提高升华的过程,各种潜力得到开发,自身的发展也就得以实现。感谢我的母校!

案例点评:

从李文强校友的事迹中可以看出,当其做出了职业决策,选择了创业的方式后,始终发扬其自强不息的精神,努力适应职场发展要求,不断提高自己的核心竞争力,在职业发展上取得了一定的成绩。

18—25 岁是职业生涯中进入组织的阶段,在这个阶段应尽量选择一种合适的、较为满意的职业,获取足量的信息,为职业生涯初期发展做好准备,当做出职业选择后,就应该继续发扬这种精神,坚持下来,如果在这阶段多次进行职业变动,势必影响获得行业信息的数量和质量,从而影响个人的职业成功。

李文强

"中国大学生年度人物"的"发明创业家"梦

2011 届机电一体化专业毕业生　杨成兴

杨成兴就读于重庆电子工程职业学院 2011 级机电一体化专业。2011 年 2 月,杨成兴通过自荐,凭借其独特的发明才能及"重庆市十佳中学生""重庆市科技创新市长奖"获得者等荣誉被我校免试录取。杨成兴在一次中央电视台专访中曾说,希望"将发明创造与商业方面结合起来,成为一名发明创业家"。因有着其独特的发明创造才能加上一颗创业心,进入大学以来,杨成兴曾获多项发明专利,并独立或投资创办了重庆兴狼科技有限公司、成都蚁世纪网络科技股份有限公司和成都渔乐江湖科技有限公司。2013年,杨成兴参加全国大学生创业大赛获得全国百强,2015 年,获"中国大学生创业英雄 10强"称号,2015 年 1 月,杨成兴荣获国务院刘延东副总理特别批示:"要认真总结杨成兴创新创业成果,积极推广其创新创业精神",2016 年 6 月,杨成兴被评为"第十一届中国大学生年度人物"。

缤纷的青春各自做着五彩的梦

进入大学后,杨成兴发现大学的教育与中小学时的"应试教育"有很大的不同,他把大学生活概括为"缤纷的青春各自做着五彩的梦"。他将大学里的学生分为两类:技术型和思维型。杨成兴很高兴在大学里遇到个性迥异的同学们,他们在不同程度上给他的创业带来了支持与帮助。杨成兴加入了学校银领创业协会,他在协会里创办了一个新部门——创新部,很多同伴也在日后成为他创业的好伙伴。

刚入校时,杨成兴在管理学院就读,后转入机电工程学院机电一体化专业。2012年,学校给予相应的支持,杨成兴在学校的创业园成立了微型企业——重庆兴狼科技有限公司,并获得政府 4.2 万元创业补贴资金。公司的主打业务是"环保智能花盆",这是他基于高中时期的专利"自动保湿节水花瓶"开发出的新产品。在公司,同事多是志同道合的创业大学生,学校的创业园为他们提供了办公场地,同时他还成功向学校申请到三亩地作为养殖基地。

做一名发明创业家

杨成兴想创业,很大程度是受到《爱迪生》这本书的启发。他每次读这本书都会想一个问题:如果爱迪生仅从发明家的角度把灯泡做出来,而没有将其投入生产,会是怎样一种情况?在他看来,爱迪生不仅是一位发明创造家,更是一位眼光锐利的企业家,他发明出来的新东西不仅是摆在实验室里的作品,而且成为走进千家万户的生活必需品。至此,杨成兴从中感受到了发明与商业相结合的力量。有统计显示,目前中国的专利技术转化率只有0.01%,也就是说在成功申请专利的发明产品中只有极少数的部分可以转化为商品进入市场。在进入大学之前,杨成兴只是沉浸在自己发明的小天地里,享受技术创新带来的快乐,但是看得多了、想得多了,他希望能够将发明创造与商业结合起来,成为一名发明创业家。"每天和企业家打交道交流,是一种学习和收获,而校园养分、书本知识和课堂讲解更为系统,这恰恰也是我目前比较缺失和急需补充完善的。"杨成兴说,在创业方面投入的时间和精力较多,毕竟会影响学业,但他从对任何事情充满好奇的那一刻开始,就会对自己所幻想预测的状态进行尝试,从养花、钓鱼等爱好延伸到各种各样的生活尝试。为了做试验,家里曾引发火灾两次,自己满身伤疤。为了创业,自己也曾背负家庭对学业的压力、经济上的压力等,但他依然选择坚持。

杨成兴坦言,他想用自己的实际经历告诉同学们:如果自身喜欢并对一件事情充满兴趣,那就不要顾忌别人的冷嘲热讽,一定要执着大胆地去做。他经常提到一句话:"我们国家的崛起,需要每一个人为了自己喜欢的事业,去勇敢承担责任。"他也时常与创业者分享:"人最不喜欢的就是干和自己没有关系的事,所以我们只需想想,我们所做的一切与员工到底发生了什么关系?发生了多大关系?就知道我们为什么干不大。"他告诉大家,进入大学后,他已创业8次,失败6次,虽然在创业路上取得了一定成绩,但自己还算不上一个成功的创业者。

创业之路,从来都起伏不定,以他的"自动保湿节水花盆"为例,曾经遭遇的一次危机就让他至今记忆犹新。一次,花卉在卖出后大批枯萎,他开始反思从研发到生产到销售的整个过程,最后找到了症结:"现种现卖"造成植物没有足够的生长缓冲期,在销售环节上,从非常凉爽的商场进入室外特别热的大环境中,再进入购买者居室,生物体在冷热环境的反复交替中容易生病,导致死亡。为解决这一问题,他建立了自己的养殖基地,植物要在基地养15天到45天才能出货。这一模式很快在分布于全国各地的经销商处统一执行。杨成兴自豪地说:"经过技术改良,很多客户给我发来感谢信,他们还会晒朋友圈,说我们的产品特别棒。"

平日里，杨成兴经常和搞发明的朋友交流，他认为做技术时一定要考虑到社会、市场是否有需求，在发明之前就要想到它的出路在哪。不过，他发现那些发明家朋友很少有人以商业思维来考虑，他们习惯了等待别人来购买自己的发明专利，几乎不去想自己生产。杨成兴既对发明感兴趣，也对落地发明感兴趣，他乐于看到研发的东西生产出来进行销售，这样他能更加了解大家的需求，促使他发明出更具有实际功用的产品，他喜欢看到这样的循环。

将钓鱼做成月入百万元的事业

"野夫钓鱼"是杨成兴旗下致力建设基于移动互联网渔具用品的电商平台，为国内钓鱼人提供钓友社群、渔具特卖、新型渔具体验，其项目的核心基础在于公司已有的电商平台及可持续的智能渔具研发、产品应用系统的一站式公众服务。2016 年，此项目荣获第二届中国创意青年创业创新大赛金翼奖。

"野夫钓鱼"公司运营总部设在成都美年广场 16 楼，注册资金 150 万元，员工 22 位。公司已与成都、重庆近 200 家钓场和渔具店建立了联系，并通过拓展郫都和双流区域，尝试运行了近一个月的钓场 O2O 解决方案。在半年内签下了 5 万多份订单。截至目前，公司旗下的微信公众号"江湖钓场"已经积累近 20 万粉丝，活跃度在 36% 左右。公司目前仍在获取用户及探索商业模式途中，主要盈利集中在电商平台，每个月有 120 万元左右的营收，毛利润在 40% 上下。

努力前程，成人成功

杨成兴形容自己是：自由、自信、自强。他表示，自己属马，渴望"怒放的生命"，自信于做自己向往的事情。他说："我曾经就读的中学有一句校训：努力前程，成功成人。每次在学校公开演讲或者发表获奖感言时，我都会反过来说：努力前程，成人成功。"虽然在发明、创业路上取得了一定成绩，但他认为自己还算不上一个成功的创业者，也一直提醒自己不忘初心，不懈怠。"要尽可能去实现任何对社会有意义的想法或发明，在做的过程中，不管其过程如何枯燥乏味，但若坚持以造福人类为出发点，一切都可以成为有价值的事物。发明家发明了电灯，企业家却能够让它照亮全世界，创造发明只有应用于社会实践才更有意义，我的理想是让发明真正被用于推动社会进步的关键点，促进科技不断前进。"

校友寄语：

感恩学校最好的方式就是成为学校的骄傲。5 年前，我通过特别的方式来到母校，开启了属于我的追梦之旅。我相信，每一位学弟学妹都有自己大大小小的梦想。如果你的梦想跟别人有关联，不妨与其合作。我们生在"双创"的年代，拿出合伙人的精神去实现大家共同的梦想，在实现自己梦想之时，不要忘了你的肩上还有一份责任，学校会为你加油,校友会为你解难,让我们一起实现梦想。

案例点评:

杨成兴是我校休学创业第一人,在创业过程中可谓好事多磨,故事丰富多彩,成果丰硕。从他的故事中,可以给我们几点启示:一是勇于"冒险",在创业过程中不怕失败、不被别人质疑干扰。二是坚持技术创新,相信在企业的竞争中,成本和产品的差异化一直都是核心因素,技术的创新可以降低产品成本,同样,一种新的生产方式也会为企业的产品差异化提供帮助,企业利用其创新能力,就会在市场中击败对手,占据优势地位。三是因势利导设计商业模式,根据对客户的细分,依托电商平台,尝试O2O的运营模式。四是培育和管理创业团队。在创业初期,培育共同的企业价值观。创业过程中,树立危机和忧患意识。创业成功时,培育创业团队的社会责任,不但要创造利润,对股东利益负责,还要承担对员工、对消费者和对社会的责任。

杨成兴

大学生创办"东方锄禾"，做扎根
生态农业的创业人

几个"90后"大学生，没有人脉关系，没有资金支持，没有渠道，仅凭一腔热情、一份执着、勇于吃苦的干劲和敢于拼搏的冲劲，扎根农村，扎根基层，艰苦创业，他们以别样的创新理念，收获不一样的青春。艰苦的创业生活，铸就了"铁"一般的军团，为理想、为信念，无悔付出；为农业、为社会，燃烧青春。

千里之行，始于"陋室"

东方锄禾创业团队由重庆电子工程职业学院毕业生沈浩、刘俊涛与重庆大学城市科技学院毕业生吴书柱联合创办。创业之初，条件非常艰苦，三个人时常挤在一间 30 平方米的小屋子里。因为需要场地办公，房间不能多铺床，以致睡觉成了最大的难题。于是，地板、椅子、小货车驾驶室都能被他们用作休息的"床"。睡在地板上，要冒着被老鼠"踩踏"的危险；睡在九张木椅上，比睡地板还难受，高矮不一，硌得生疼；睡在驾驶室里，要保持姿势，腿一直弯曲，还要忍受 40 多度的高温，汗流浃背。那些最早开始创业的日子，简直度"夜"如年，甚是难熬！环境虽然恶劣，但好歹也算有了自己的"根据地"，为了尽早站稳脚跟，几个年轻人的创业历程正式开始……

厚积薄发用双手和勤劳创造财富

2010 年，璧山菜农的菜品出现严重滞销，大概 5 000 吨莴笋、白菜在地里无人问津。吴书柱带领团队成员，通过各大媒体的宣传和帮助，解决了当时的困难，他们还和 5 所高校食堂、4 个超市签订了长期供应合同。合作社开始真正盈利，也为今后创立品牌积累了资金。为社员做实事，是他们最初的合作社宗旨。合作社当然也要生存，需要盈利。建立好群众基础，从微薄收入做起。

顺势而变不断创新为创建,知名农产品品牌而不懈努力

经过几年的摸爬滚打与坚持,通过融资与合作,如今,东方锄禾投资近千万元打造了东方锄禾农业园、东方锄禾云雾山樱桃谷基地、福禄基地,三个基地面积总计1 300多亩。

东方锄禾先后获得"全国农民专业合作社示范社""全国农产品加工合作社示范社""重庆市农民专业合作社示范社""重庆市农村电商带头人"等荣誉,并多次被央视财经CCTV-2、CCTV-7、重庆新闻联播、重庆商报、重庆日报、轻轨报等相关媒体作为"90后优秀青年创业典范"进行跟踪报道。

校友寄语:

现在的大学生比任何时期的大学生面临的机遇都好,也更有自己的思想,现在的大学生面临的最大挑战也许是怎样去守住那份耐性,这是一个浮躁的社会,很多事情不能速成,静下心来,用心去做一件事,那么就在成功的道路上前进了一大步。创业的初期往往是艰苦的,做好吃苦的准备,敢于吃苦,勇于拼搏,那么又在成功的道路上前进了一大步。

案例点评:

在创新创业的道路上,你们已经取得了一定的成绩,身处积极创业的时代浪潮,你们应该更进一步,成长为预想中的"伟大"公司。希望你们能打造自己的核心竞争力,加强专业知识能力、团队精神、价值观、责任心等方面的培养,重新审视自己的创业动机,争取做一件对社会长期有价值的事情,完成从学生到创业者再到创业家的蜕变。

沈 浩

从移动代理商到高校综合服务平台打造者

2015 届微电子技术专业毕业生　罗憬

罗憬,毕业于重庆电子工程职业学院应用电子学院微电子技术专业 1204 班。2014 年 11 月,他面临着就业和创业两者选择的处境,经过深思熟虑,罗憬结合自身愿景毅然选择了创业。他认为,只有通过创业,才能距离自己的梦想更近。2014 年 12 月,罗憬与另 4 名同学组成创业团队,在学校创业园开启了追逐梦想的旅程。

年轻的团队成员们怀揣着创业的梦想,不断尝试各种业务,一边磨合,一边在摸索中为团队的创业方向进行定位。在对创业有了更深入的认知,积累了一定的社会资源后,2015 年 6 月底,刚刚拿到毕业证的罗憬与伙伴们正式注册成立了公司。刚开始,公司主营"活动策划营销",主要业务方向为帮助品牌商企业进入高校市场并进行推广,公司股东为 2 名,在分工上,罗憬主要负责为客户进行活动策划,另一人主要负责在高校执行,大家分工合作,逐步实现了业务常态化。

2016 年 3 月,他们将创业的目光聚焦通信领域,在创业园里经营起一家移动营业厅,成为移动业务代理商。因为具备大学期间从事相关业务积累的资源和团队管理经验,移动营业厅的销售业绩一年比一年出色。2016 年夏天,他们第一次正式以代理商的身份参与了母校的迎新工作,顺利完成了第一次迎新推广活动。

2016 年 12 月,罗憬团队迎来了公司发展的两个机遇:一是成功通过竞标得到四川外国语大学移动营业厅经营权;二是竞标获得位于大学城熙街的中国移动动感精英俱乐部经营权。作为中国移动的"异业形态",俱乐部是一个娱乐休闲场所,他们将它打造成为国外比较流行的"轰趴"(Home Party 的英译汉发音,原指西方私人举办的家庭聚会,在国内,作为一种相对新兴的聚会方式,泛指主题派对等,主要选择在商业场所举行,参与者普遍是年轻人)馆,集饮品、桌球、桌游、KTV、桌上足球等于一体的娱乐休闲场所,适合公司培训会、学生团队聚会、个人闲聊等,成为公司维护客户关系的重要方式。

在罗憬看来,起初成立公司的初衷就是致力于打造重庆高校的综合服务平台,经营轰趴馆让这个平台形态初步显现了出来。目前,公司开展的业务形态有活动策划营销、移动营业厅、俱乐部轰趴。前两种业务趋于稳定,俱乐部轰趴才经营半年,下半年将把重心放在顾客群体市场的挖掘,力争让三大业务形态都稳步推进。

接下来,罗憬创业团队将目标设定为:新增移动营业厅门店,继续扩大主营业务;其次,向广告领域发展,主要服务于高校部门、学生组织、企业单位的广告制作与安装。

创业以来,他们以打造重庆高校综合服务平台为企业愿景,希望通过不懈努力,让客户、学校、伙伴、学生通过他们的平台获取所需,并实现互利共赢,最终让业务实现高校全行业覆盖。罗憬说,他要为自己的企业家梦想永远战斗下去!

校友寄语:

创业仅有梦想和激情是远远不够的,创业更需要脚踏实地,负重前行。如果你选择自主创业,那就开始行动吧!

案例点评:

从该案例中可以看出,在创业初期的项目选择上,一定要进行行业细分,对于选准的项目,一定要专注。罗憬团队目前从事的业务主要分为三块,并且这三块是分阶段开展,成熟一块发展一块。大学生刚开始创业时,要专注于一个领域,专注于一个行业,专注于一项业务,专注于做好一件事。当你认准一个方向的时候,就要全力以赴,只有专注的企业才能成功。世上看起来可做的事情很多,但真正能够被你做成功的却很少。一生专注于一项事业,每天专注于一件事情,这不仅是个人成功的法则,也是一个企业持续发展的捷径。

罗　憬

添一抹亮色
军旅篇

携笔从戎，大学生跆拳道冠军
圆了军人梦

2017 届机电学院机电一体化专业毕业生　王贻虎

　　2014 年 9 月，王贻虎怀揣着儿时的梦想，踏入重庆电子工程职业学院的大门，开始了 3 年的大学生活。九月初秋，但重庆依旧是"热火朝天"，踏入大学校园那一刻，快节奏的生活就已经开始。报名缴学费、分宿舍、分班级，作为大一新生，班级群里的文件和信息随时都要关注。就这样，匆匆忙忙地度过一个星期后，终于迎来了令人期待的军训。大一新生在操场整队集合，看着操场上的那一抹绿，涌上王贻虎心头的是难以言表的激动，让他更加坚定了自己儿时的梦想——成为一名军人。军训是大一新生入校的第一堂课，也是学会独立的一堂必修课。教官们不断重复口令，耐心示范、严厉地要求大家规范做出每一个动作。休息期间，美妙高亢的军歌在空中回荡，令人陶醉。军训期间的欢声笑语掩盖了训练的苦累，留给自己的则是一份回味，一份责任，一个崭新的挑战，一种不懈的坚持。

　　为了实现成为军人的梦想，王贻虎曾在高中毕业时参加过一次征兵，但最终选择了继续升学读书。时隔三年，王贻虎大学毕业，他又选择了参加大学生征兵，很多人问他，现在大学毕业生不应该是去谋一个职位,找一份工作吗,为什么还要去当兵,而且还是义务兵?在别人眼里,毕业后当兵是浪费青春,可对王贻虎来说,他的青春就是去追寻自己的军人梦想,哪怕别人觉得不可思议,在他看来却是值得的。为了这个梦想,王贻虎在大学三年专心做两件事情:

第一,努力学习专业知识。王贻虎学的是机电一体化专业。该专业是近几年国家为了满足社会需求而设立的一个新兴专业,即机械和电子合为一体的简称,涉及的专业知识和课程很广,比如实用电工电子技术、机械制造基础、机械零件的数控加工、工程数学、机械设计专业、机电一体化导论、机电英语、液压系统的组装与调试、典型的机电一体化控制系统分析与设计、PLC 系统控制与组装、CAD 实训等,这些都是在大学里需要掌握的专业知识。学习期间,王贻虎严于律己,不迟到早退,课前预习,课后巩固,不耻下问,也收获了良好的学习成绩。

第二,锻炼身体,增强体质。酷爱运动的王贻虎在学习闲暇之余,加入了校社联跆拳道协会,每周一到周四训练。对于初学者的他来说,刚开始很难适应,训练强度大,全身酸痛。训练时,教练认真传授动作,师兄师姐耐心纠正,一方面练好基本功,另一方面进行实战准备。和师兄师姐过招也是在所难免的,正是因为一次次惨痛的实战练习,促使王贻虎不断进步,并最终担任了校跆拳道协会会长,并兼任学校跆拳道校队队长。大学期间,王贻虎和教练团队以及队员们组织了重庆市"第九届大学生跆拳道邀请赛",邀请各高校学生参赛,共同交流,积累跆拳道实战经验。"尊师重道,礼义廉耻,忍耐克己,百折不挠"是跆拳道的精神所在,这项运动不仅让王贻虎增强了体质,更磨炼了他的意志。在学习过程中,王贻虎一次次突破自己,也不断地收获荣誉:2015 年中国大学生跆拳道锦标赛男子丙组 54 公斤级第一名、2016 年中国大学生跆拳道锦标赛男子丙组 54 公斤级第一名、2016 年中国大学生跆拳道冠军赛男子丙组团体第一名、两次被中国体育协会评为"优秀运动员",也曾多次获得重庆市跆拳道锦标赛男子个人与男子团体冠军并被评为"优秀协会会长",协会也多次荣获学校"优秀协会"等荣誉称号。

2017 年 3 月,远在广东实习的王贻虎关注到全国预征兵报名开始,便即刻赶回重庆报名,并最终通过体检,圆了自己的军人梦。

校友寄语:

做人就要有梦想,我的梦想就是当一名军人,为了实现自己的梦想,就要坚定不移地走下去。我从进校学习到兵役登记、网上报名、预征报名、政审到等学校通知确定为预备兵,每一步走得都很不容易,每一次都在成长。入伍后会好好体验军营生活,丰富人生阅历,在部队这所特殊的大熔炉里接受熏陶和锻炼,不断提升自己的综合素质,携笔从戎,献身国防!

案例点评：

在庆祝中国人民解放军建军 90 周年阅兵式上，习主席发表重要讲话，要求全军将士深入贯彻党的强军思想，坚定不移走中国特色的强军之路，努力实现新形势下的强军目标，把我们这支英雄的人民军队建设为世界一流军队。党和国家为鼓励大学生应征入伍，出台招生计划单列、学费资助、复学升学等一系列优惠政策。国家建设需要人才，不论你是新生、在校生还是毕业生，只要符合应征入伍条件都应该参与其中，为实现强军梦，实现中华民族的伟大复兴，努力贡献自己的一份力量。

王贻虎

退伍不褪色，军旅生涯的青春记忆

2019 届财经学院资产与评估专业在毕业生　熊苏萌

　　2014 年 9 月，熊苏萌怀揣着憧憬与希望来到了重庆电子工程职业学院就读，这是从没住过校的他第一次离开父母独立生活。大一入学就是军训，重庆的初秋依旧炎热，在烈日下站军姿，进行队列训练，这些看来十分简单的训练，对当时从未受过苦的熊苏萌来说，却是极大的考验。万万没想到的是，在新生军训过程中，他竟然一直坚持到了最后，并因此萌生了对绿色军营的向往。

　　经过与家人商量，熊苏萌决定响应国家号召，应征入伍。通过了体检、政审，怀着激动又复杂的心情，熊苏萌于 2015 年登上了去往云南的火车。他进入的是省军区的机关直属队，三个月的新兵训练是最苦最累的，队列训练、体能训练、军事训练，还有纪律学习。在训练期间最期盼的是晚上能给家里写写信，周六、周日能打打电话。刚开始熊苏萌感觉有点后悔，当兵怎么是这样的呢？比大学军训时苦多了，有叠不完的被子，早上要提前起来叠，中午也不能休息一直叠，叠不好被子还要接受教育。每天都要打扫卫生，每天都要检查卫生，标准是用白手套都沾不上灰。最开始熊苏萌体能也不行，经常跑到最后，手榴弹丢不及格。常常别人在休息，他还在跑圈，用背包绳绑着手拉树练习丢手榴弹的姿势。巨大的挫败感笼罩着他，感觉自己什么都做不好，甚至一度想到放弃，更难受的是特别想家，可一想到这是自己的人生选择，还是咬紧牙关坚持了下来。

　　熊苏萌开始投入繁重而辛苦的军事训练中，出去打靶和训练军事地形学，自己去深山自己找路出来。打靶的时候，自动步枪、轻机枪、狙击步枪、手枪都训练。进行瞄靶训练的时候，肘部一直在水泥地上撑着，膝盖和手肘都磨破了，再瞄靶，手肘压在地上起来后，血渗在衣服上和肉粘在一起，撕开特别痛。在这种环境下，熊苏萌憋住一口气，告诉自己不能说"不行"。跑步是弱项，但他从没放弃，每天晚上背着背包在连队跑；经过不断努力，他的体能越来越好，并且跑出了名次，证明了自己。

两年时间并不长，军营的光阴就从每天的训练中，从哨台上匆匆流过。熊苏萌为荣誉而奋斗和努力，在第一年民主测评中即获得了嘉奖，第二年获得了"优秀义务兵"称号。这让他觉得，自己当初的选择没有错，有了成绩，这两年也没有白来过。从最开始的后悔，到对自己的质疑和想放弃，到最后对部队的依依不舍。因为这个地方教会了他谦逊做人、礼貌待人，教会了他面对困难迎难而上的意志品质，更主要的是，在部队激情燃烧的日子，激发了他作为一名热血男儿的生活斗志和热情。这句话真的没错，熊苏萌说，不当兵，后悔一辈子。

作为一名退伍兵，熊苏萌重新回到了校园，面对昔日熟悉的校园，回归昔日相同而又崭新的起点，他不再是那个依赖于父母的青年，而是经过了军营历练的铮铮铁汉。他拿出了在部队里传承的精神和良好作风投入大学的学习生活中，期望通过认认真真学习，将来好好工作，在社会上做出一番事业，回馈国家，不辜负部队和学校对他的培养与期望。

校友寄语：

通过两年的部队训练生活，我的收获很多，如改变了自己的一些性格，学会了谦逊做人、礼貌待人，养成了严于律己、面对困难迎难而上等品质，这些都会影响着我今后的学习和生活，是我一辈子的财富。

案例点评：

大学阶段正处于职业生涯中的准备期和探索期，对大学生来讲，职业生涯规划有着更具体、更重要的内涵：应当客观、全面地认识自己的能力、兴趣、个性和价值观，了解各种职业、行业的需求趋势和影响因素，确立自己的职业生涯发展目标，选择实现这一目标的职业方向，制订出行之有效的实施方案，包括相应的学习和培训计划，并及时反馈和修订。

"三人行，必有我师焉"，学习的地方很多，熊苏萌到校学习一年后休学入伍参军，在部队学习锻炼两年后退伍返校继续学习，毕业后计划参加升学考试，攻读本科。军人也是一种职业，虽然他没有成为职业军人，但部队的磨炼对他以后的职业生涯发展将起到重要作用。

熊苏萌

薪火相传军旅情，热血挥洒强军路

2017 届软件技术专业毕业生　汪硕

"一棵呀小白杨,长在哨所旁,根儿深,干儿壮,守望着北疆……"一首伴他成长的歌,一份难舍的情。2017 年 6 月,汪硕从重庆电子工程职业学院毕业,这个西北兵团长大的男孩毅然响应国家号召应征入伍,踏上了保家卫国的新征程。做这样的决定并非偶然,汪硕心中那份难舍的军旅情由来已久,从未改变。

20 世纪 50 年代初,汪硕的爷爷从湖北黄冈披上戎装,奔赴新疆开垦大西北,一手拿枪,一手拿镐,在荒原上铸剑为犁,开垦荒漠。那一丛丛的野芨芨草,没过膝盖的沼泽在先辈军人的手里演化成丰收的硕果美景,经过几代军垦人的努力,新疆由一个不毛之地转变为一个集农、工、商、贸、旅游为一体的塞外江南。在爷爷的身上,汪硕看到了军人的艰辛,从爷爷长满老茧的双手,汪硕读出了军人的责任和使命,而爷爷的品质和独特的精神力量,则让他感受到了军人职业的神圣。这是一个难以忘怀的情结,在汪硕幼小的心里烙下深深的印记,这是一份割舍不了的亲情,更是一种无声的传承,是一种融于血液里的使命。大学毕业了,汪硕又踏上了一段新的人生旅途,去追寻他心中那份难舍的军旅情。从山水毓秀的重庆应征入伍,这既是汪硕多年的梦想,更是新疆建设兵团二代人的夙愿。山城的浓雾、大码头的江流,带不走的是他对山城这片热土的依恋和不舍。告别重庆,挥手落泪,他深知自己必须担负起保家卫国的神圣使命。

好男儿志在四方,作为新一代的知识青年,从巴山蜀水的丰盈中走出,汪硕一身戎装来到甘肃省永登县。此时,对于当兵,对于怎样才是一个真正合格的军人,他有了更新、更深刻的认识。大学期间的军训是最普通的队列和体能训练。那时的他认为,只要走好队列就可以是一个合格的兵。通过入伍这段时间的训练,汪硕才明白,要做一个合格的兵不容易,做一个优秀的军人则更难。军人是一种责任,更肩负着保家卫国的神圣使命。

添一抹亮色　军旅篇

143

汪硕常常想起2014年刚迈进大学校园的时候,那时的他稚气未脱、风华正茂,每日沉浸在书籍的海洋中汲取知识,从每一个符号到每一个列式。对现代计算机知识的了解从零开始,艰辛跋涉,经过三年的不懈努力完成了学业,并终于成为自己梦想的实践者。他说,这是一个新时代、一个知识的时代。如今回想起在母校就读的那一千多个日日夜夜,正是为更好地服务军队、报效祖国奠定了坚实的基础。从山城重庆的应征入伍拉开了他人生旅程新的帷幕,开启了他生命长河中最灿烂的新篇章……汪硕感恩母校传授他丰富的知识,感谢山城重庆赋予他生活的乐趣,培育了他男儿的胸怀,并让他成功实现了自己的军旅梦,从此踏上保家卫国的戎马征程。

校友寄语:

我们没能体会父辈的艰辛,却感受了父辈带给我们的幸福;我们没有垦荒种田,却享受了先辈传承给我们的"财富"。我们是新一代的年轻人,每一代人都有他们的历史使命,但每一代的使命都有"保家卫国"这个责任。这是国家赋予我们的神圣使命,我很骄傲成为新一代军人。长风浩荡、军旗猎猎,中国梦在我们心中,新的强国梦是我们新一代知识青年、铁血男儿不朽的精神。

案例点评:

汪硕生在军人之家,受爷爷参军建设祖国、保卫祖国事迹的熏陶,感受到了军人的责任和军人的神圣使命。汪硕生在幸福年代,成长在国家繁荣富强、人民生活富裕的时代,他没有养尊处优,不忘新一代青年的历史使命,认真学习专业知识,立志成为新一代军人。他做到了,他身着戎装,把热血挥洒在实现强军梦的伟大实践之中,在军队这个大舞台上施展自己的才华,在军营这个大熔炉里淬炼成钢,书写绚烂、无悔的青春篇章。

汪 硕

重庆市普通高校毕业生就业创业政策问答（部分）

1. 重庆市在鼓励中小微企业吸纳高校毕业生就业方面有哪些政策措施？

为鼓励我市中小企业吸纳更多高校毕业生就业，《重庆市人民政府办公厅关于做好普通高等学校毕业生就业工作的实施意见》（渝府办发〔2013〕158号）在延续以往政策的基础上，进一步强调从资金、贷款、贴息、社保补贴等方面给予更多的支持：

（1）进一步改善中小企业发展环境，大力发展劳动密集型产业、服务业、小型微型企业和创新型科技企业，将落实中小企业扶持政策与做好高校毕业生就业工作结合起来，鼓励中小企业积极吸纳高校毕业生就业。

（2）中小企业招用登记失业的高校毕业生20人以上，并稳定就业1年以上的，按规定享受重点企业贷款贴息政策。

（3）高校毕业生到中小企业就业的，在专业技术职称评定、继续教育、科研项目经费申请、科研成果或荣誉称号申报等方面，享受与国有企事业单位同类人员同等待遇。

（4）各类企业新招用登记失业高校毕业生，签订1年以上劳动合同并缴纳社会保险费的，可按规定享受不超过3年的社会保险补贴。

（5）对小型微型企业新招用毕业年度高校毕业生，签订1年以上劳动合同并按时足额缴纳社会保险费的，给予1年的社会保险补贴，政策执行期限截至2015年年底。

（6）对企业新招收毕业年度高校毕业生，在6个月之内开展岗前培训，并与其签订1年以上劳动合同的，按规定给予企业职业培训补贴。

2. 到各类企业就业的毕业生档案如何管理？

到无档案管理权限的单位（私营企业、外资企业等）就业的，可由单位或个人就近到市或区县（自治县）人才交流服务中心办理人事代理服务。高校毕业生离校时没有就业的，档案可由学校统一发回原户籍所在地公共就业和人才服务机构保管。高校毕业生到具有档案管理权限的机关、事业单位、国有企业就业的，由单位直接接收、管理档案。档案不允许个人保存。

3. 什么是人事代理？

人事代理是指由政府批准的人事档案管理机构（各类公共就业和人才服务机构）按照国家有关人事、劳动等政策法规要求，为用人单位或社会人才提供社会化、集体化人事服务。公共就业和人才服务机构可在规定业务范围内接受用人单位和个人委托，从事下列人事代理服务：

（1）流动人员人事档案管理。

（2）因私出国政审。

（3）在规定的范围内申报或组织评审专业技术职务任职资格。

（4）转正定级和工龄核定。

（5）大中专毕业生接收手续。

（6）其他人事代理事项。

4. 应届毕业生可以享受哪些人事代理服务？

在我市的各类应届高校毕业生可办理社会人才集体户口挂靠，办理转正定级、计算连续工龄、调整档案工资、职称评定、保留干部身份、出国政审、接转党团组织关系、代办社会保险、办理生育服务证、出具以档案材料为依据的相关人事证明等。

5. 高校毕业生到企业就业后怎样办理人事代理？

按照《人才市场管理规定》有关规定，人事代理方式可由单位集体委托代理，也可由个人委托代理；可多项委托代理，也可单项委托代理；可单位全员委托代理，也可部分人员委托代理。

单位办理委托人事代理，须向代理机构提交有效证件以及委托书，确定委托代理项目。经代理机构审定后，由代理机构与委托单位签订代理合同书，明确双方的权利和义务，确立人事代理关系。

6. 高校毕业生如何与用人单位订立劳动合同？

《劳动合同法》中有以下规定：

第七条规定，用人单位自用工之日起即与劳动者建立劳动关系。

第八条规定，用人单位（企业、个体经济组织、民办非企业单位等组织）招用劳动者时，应当如实告知劳动者工作内容、工作条件、工作地点、职业危害、安全生产状况、劳动报酬，以及劳动者要求了解的其他情况；用人单位有权了解劳动者与劳动合同直接相关的基本情况，劳动者应当如实说明。

第九条规定，用人单位招用劳动者，不得扣押劳动者的居民身份证和其他证件，不得要求劳动者提供担保或者以其他名义向劳动者收取财物。

第十条规定，建立劳动关系，应当订立书面劳动合同。已建立劳动关系，未同时订立书面劳动合同的，应当自用工之日起一个月内订立书面劳动合同。用人单位与劳动者在用工前订立劳动合同的，劳动关系自用工之日起建立。

7. 什么是社会保险？我国建立了哪些社会保险制度？

社会保险是指国家通过立法，按照权利与义务相对应原则，多渠道筹集资金，对参保者在遭遇年老、疾病、工伤、失业、生育等风险情况下提供物质帮助(包括现金补贴和服务),使其享有基本生活保障、免除或减少经济损失的制度安排。

《社会保险法》第二条规定,我国建立基本养老保险、基本医疗保险、工伤保险、失业保险、生育保险等社会保险制度,保障公民在年老、疾病、工伤、失业、生育等情况下依法从国家和社会获得物质帮助的权利。其中,基本养老保险制度包括职工基本养老保险制度、新型农村社会保险制度和城镇居民社会养老保险制度;基本医疗保险制度包括职工基本医疗保险制度、新型农村合作医疗制度和城镇居民医疗保险制度。

8. 用人单位应该履行哪些社会保险义务?享有哪些社会保险权利?

(1)社会保险义务:一是申请办理社会保险登记的义务;二是申报和缴纳社会保险费的义务;三是代扣代缴职工社会保险的义务;四是向职工告知缴纳社会保险费明细的义务。

(2)社会保险权利:一是有权免费查询、核对其缴费记录;二是有权要求社会保险经办机构提供社会保险咨询等相关服务;三是可以参加社会保险监督委员会,对社会保险工作提出咨询意见和建议,实施社会监督;四是对侵害自身权益和不依法办理社会保险事务的行为,有权依法申请行政复议或者提起行政诉讼。此外,还有权对违反社会保险法律、法规的行为进行举报、投诉。

9. 参加社会保险的个人享有哪些权利?

个人依法缴纳社会保险费后,享有以下权利:

(1)有权依法享受社会保险待遇;

(2)有权监督本单位为其缴费情况;

(3)有权免费向社会保险经办机构查询、核对其缴费和享受社会保险待遇权益记录;

(4)有权要求社会保险经办机构提供社会保险咨询等相关服务;

(5)对侵害自身权益和不依法办理社会保险事务的行为,有权依法申请行政复议或者提起行政诉讼。

此外,还有权对违反社会保险法律、法规的行为进行举报、投诉。

10. 高校毕业生如何处理劳动人事纠纷?

发生劳动人事争议,可以通过协商解决。当事人不愿协商或协商不成的,可以向调解组织申请调解;不愿调解、调解不成或者达成调解协议后不履行的,可以向劳动人事争议仲裁委员会申请仲裁;对仲裁裁决不服的,除法律另有规定的外,可以向人民法院提起诉讼。

对用人单位违反劳动保障法律、法规和规章的情况,高校毕业生可向人力资源和社会保障部门举报、投诉。劳动保障监察机构将依法受理,纠正和查处有关违法行为。

11. 什么是基层就业?

基层就业就是到城乡基层工作。国家近几年出台了一系列优惠政策鼓励高校毕业生积极参加社会主义新农村建设、城市社区建设和应征入伍。一般来讲,"基层"既包括广大农村,也包括城市街道社区;既涵盖县级以下党政机关、企事业单位,也包括社会团体、非公有制组织和中小企业;既包含单位就业,也包括自主创业、自谋职业。

12. 国家鼓励毕业生到基层就业的主要优惠政策包括哪些?

按照《国务院关于进一步做好新形势下就业创业工作的意见》(国发〔2015〕23 号)、《国务院办公厅关于做好 2014 年全国普通高等学校毕业生就业创业工作的通知》(国发〔2014〕22 号)、《国务院办公厅关于做好 2013 年全国普通高等学校毕业生就业工作的通知》(国办发〔2013〕35 号)和《国务院关于进一步做好普通高等学校毕业生就业工作的通知》(国发〔2011〕16 号)等文件规定:

(1)完善工资待遇进一步向基层倾斜的办法,健全高校毕业生到基层工作的服务保障机制,鼓励毕业生到乡镇特别是困难乡镇机关事业单位工作。

(2)对高校毕业生到中西部地区、艰苦边远地区和老工业基地县级以下基层单位就业、履行一定服务期限的,按规定给予学费补偿和国家助学贷款代偿(本专科学生每人每年最高不超过 8 000 元、研究生每人每年最高不超过 12 000 元)。

(3)结合政府购买服务工作的推进,在基层特别是街道(乡镇)、社区(村)购买一批公共管理和社会服务岗位,优先用于吸纳高校毕业生就业。

(4)落实完善见习补贴政策,对见习期满留用率达到 50% 以上的见习单位,适当提高见习补贴标准。

(5)将求职补贴调整为求职创业补贴,对象范围扩展到已获得国家助学贷款的毕业年度高校毕业生。

各地区要结合城镇化进程和公共服务均等化要求,充分挖掘教育、劳动就业、社会保障、医疗卫生、住房保障、社会工作、文化体育及残疾人服务、农技推广等基层公共管理和服务领域的就业潜力,吸纳高校毕业生就业。要结合推进农业科技创新、健全农业社会化服务体系等,引导更多高校毕业生投身现代农业。

高校毕业生在中西部地区和艰苦边远地区县级以下基层单位从事专业技术工作,申报相应职称时,可不参加职称外语考试或放宽外语成绩要求。充分挖掘社会组织吸纳高校毕业生就业潜力,对到省会及省会以下城市的社会团体、基金会、民办非企业单位就业的高校毕业生,所在地的公共就业人才服务机构要协助办理落户手续,在专业技术职称评定方面享受与国有企事业单位同类人员同等待遇。

对到农村基层和城市社区从事社会管理和公共服务工作的高校毕业生,符合公益性岗位就业条件并在公益性岗位就业的,按照国家现行促进就业政策的规定,给予社会保险补贴和公益性岗位补贴。

(1)对到农村基层和城市社区其他社会管理和公共服务岗位就业的,给予薪酬或生活补贴,同时按规定参加有关社会保险。

(2)自 2012 年起,省级以上机关录用公务员,除部分特殊职位外,均应从具有 2 年以上基层工作经历的人员中录用。市(地)级以下机关特别是县乡机关招录公务员,应采取有效措施积极吸引优秀应届高校毕业生报考,录用计划应主要用于招收应届高校毕业生。

(3)对具有基层工作经历的高校毕业生,在研究生招录和事业单位选聘时实行优先录用。

13.国家实施补偿学费和代偿助学贷款的就业地域范围包括哪些?

国家对到中西部地区和艰苦边远地区基层单位就业,并履行一定服务期限的中央部门所属高校毕业生,按规定实施相应的学费补偿和助学贷款代偿。这里涉及的地域范围主要包括:

(1)西部地区:西藏、内蒙古、广西、重庆、四川、贵州、云南、陕西、甘肃、青海、宁夏、新疆等 12 个省(自治区、直辖市);

(2)中部地区:河北、山西、吉林、黑龙江、安徽、江西、河南、湖北、湖南、海南等 10 个省;

(3)艰苦边远地区:由国务院确定的经济水平、条件较差的一些州、县和少数民族地区(详情可登录中国政府网查询)。

(4)基层单位:

① 中西部地区和艰苦边远地区县级以下机关、企事业单位,包括乡(镇)政府机关、农村中小学、国有农(牧、林)场、农业技术推广站、畜牧兽医站、乡镇卫生院、计划生育服务站、乡镇文化站、乡镇劳动就业服务站等;

② 工作现场地处以上地区县以下的气象、地震、地质、水电施工、煤炭、石油、航海、核工业等中央单位艰苦行业生产第一线。

14.学费补偿和助学贷款代偿的标准和年限是多少?

学费补偿、国家助学贷款代偿及学费减免标准,本专科生每人每年最高不超过 8 000 元,研究生每人每年最高不超过 12 000 元。

本科、专科(高职)、研究生和第二学士学位毕业生补偿学费或代偿国家助学贷款的年限,分别按照国家规定的相应学制计算。在校学习的时间低于相应学制规定年限的,按照实际学习时间计算补偿学费或代偿助学贷款年限。在校学习时间高于相应学制年限的,按照学制规定年限计算。

每年代偿学费或国家助学贷款总额的三分之一,三年代偿完毕。

15. 地方所属高校毕业生到基层就业如何获得学费补偿和助学贷款代偿?

按照《财政部、教育部关于印发〈高等学校毕业生学费和国家助学贷款代偿暂行办法〉的通知》(财教〔2009〕15 号)要求,各地要抓紧研究制订本地所属高校毕业生面向本辖区艰苦边远地区基层单位就业的学费补偿和助学贷款代偿办法。地方所属高校毕业生到基层就业是否可以获得学费补偿或国家助学贷款代偿,以及如何申请办理补偿或代偿等,请向学校所在地政府有关部门查询。

16. 到基层就业如何办理户口、档案、党团关系等手续?

对到西部县以下基层单位和艰苦边远地区就业的高校毕业生,实行来去自由的政策,户口可留在原籍或根据本人意愿迁往就业地区;人事档案原则上统一转至就业单位所在地的县级政府人力资源和社会保障部门,由公共就业和人才服务机构提供免费人事代理服务;党团组织关系转至就业单位,在工作期间积极要求入党的,由乡镇一级党组织按规定程序办理。

17. 重庆市自主创业的高校毕业生可享受哪些优惠政策?

(1)创业培训补贴。对高校毕业生在毕业学年参加创业培训的,根据其获得创业培训合格证书及创业情况,按规定给予培训补贴。

(2)入驻孵化基地发展。高校毕业生创办的小企业和微型企业可优先入驻我市各创业孵化基地孵化发展,享有场租减免、创业指导、事务代理、市场推广等创业孵化服务。

(3)微企优惠政策。对月销售额或月营业额不超过 2 万元的微型企业,暂免征收增值税或营业税。自 2014 年 1 月 1 日至 2016 年 12 月 31 日,对年应纳税所得额低于 10 万元(含 10 万元)的小型微利企业,其所得减按 50% 计入应纳税所得额,按 20% 的税率缴纳企业所得税。2014 年 1 月 1 日至 2017 年 12 月 31 日期间新办微型企业,自注册登记之日起按其缴纳企业所得税、营业税和增值税地方留成部分给予 2 年补贴。2013 年 12 月 31 日之前成立的微型企业,在 2015 年 12 月 31 日前,按其缴纳企业所得税、营业税和增值税地方留成部分给予补贴,补贴上限为注册资本(最高不超过 15 万元)中的个人出资部分。可按规定申请小额担保贷款和微型企业创业扶持贷款,并按规定享受财政贴息;对高校毕业生创办的小型微型企业,按规定落实好减半征收企业所得税、月销售额不超过 2 万元的暂免征收增值税和营业税等税收优惠政策。

(4)社会保险补贴。高校毕业生创办的小微企业,招用应届毕业生并与其签订 1 年以上劳动合同的,按规定给予社会保险补贴。鼓励支持高校毕业生通过多种形式灵活就业,对符合就业困难人员条件的灵活就业高校毕业生,按规定给予社会保险补贴。

(5)税费减免。持就业创业证的高校毕业生在毕业年度内(指毕业所在自然年,即1月1日至12月31日)从事个体经营的,3年内按每户每年8 000元为限额依次扣减其当年实际应缴纳的营业税、城市维护建设税、教育费附加和个人所得税。

(6)小额担保贷款。对高校毕业生自主创业的,从毕业学年起可申请小额担保贷款,并按规定享受财政贴息政策。

(7)鼓励网络创业、创新创业。对大学生注册创办电子商务及软件开发类的小微企业,资助其一台电脑。对创办的创意类小微企业,给予每户不超过5万元的创业补助。设立创新创业奖励资金,对拥有自主知识产权的发明、专利等项目并入驻孵化基地创业的大学生给予奖励。在电子商务网络平台开办"网店"的高校毕业生,可享受小额担保贷款和贴息政策。

18. 什么是"大学生创业引领计划"?

为深入贯彻落实国家促进高校毕业生就业创业工作的新要求,2014年10月,市人力社保局会同市教委、市财政局等12个部门联合出台了《关于实施重庆市大学生创业引领计划的通知》(渝人社〔2014〕214号),将在全市范围内组织实施"新一轮大学生创业引领计划",使大学生的创业意识和创业能力进一步增强,支持大学生创业的政策制度和服务体系更加完善,政府激励创业、社会支持创业、大学生勇于创业的机制基本形成,大学生创业的规模、比例继续扩大和提高,力争实现2014—2017年引领2.3万大学生创业。创业引领计划主要包含普及创业教育知识、实施大学生创业培训启航行动、提供工商登记和银行开户便利、提供多渠道资金支持、减轻创业税费负担、提供创业经营场所支持、加强创业公共服务7项政策措施。

19. 什么是"泛海扬帆——重庆市大学生创业行动"?

为鼓励和引导大学生实现自主创业,中国西部人才开发基金会、泛海公益基金会、重庆市人力资源和社会保障局、重庆市教育委员会以及重庆市财政局联合开展"泛海扬帆——重庆大学生创业行动"(简称"泛海扬帆创业行动"),支持重庆的大学生创业工作。每年九月左右在全市范围内开展创业项目申报、培训和资助工作,计划开展大学生创业培训1 000名,资助创业项目100个,直接资助金额300万元。

凡符合条件的重庆市应届高校毕业生和毕业五年内的在渝大学生,可以个人或团队的形式参与申报。符合国家政策的创业项目都可参与申报,优先支持市内重点产业、文化创意、农业科技、节能减排、绿色经济、循环经济、现代服务行业、高新技术产业等创业项目。个人或团队限申报一个创业项目,须符合发展前景广阔、经济效益较好、吸纳就业容量较大的要求。创业项目投资额15万元左右。

20. 如何参加"泛海扬帆创业行动"？

申请人首先登录"泛海扬帆行动"官方网站（http://www.fanhaiyangfan.org），点击"重庆大学生创业行动报名"专栏进行网上报名。报名成功后，须下载项目申请表自行打印填写，并向拟创业所在区县人力社保部门提出纸质申请。通过资格审查后，由人力社保部门统筹安排进行创业培训，主要开设政策解读、项目选择、融资投资、市场营销、财务管理、创业实例分析、工商税务法规知识、创业计划书制作等课程，提高申请人的创业能力。培训结束后，申请人应制作详细的《创业计划书》，作为项目评审的主要依据。通过审查的 100 个创业项目将分期获得 2 万~5 万元的项目资助金，以及一系列创业政策扶持。项目实施过程中，由项目督导团和专家工作组对创业项目进行定期或不定期的检查，开展创业指导和跟踪服务，同时对资助金使用情况、项目执行效果等进行监管。相关的项目实施进展和资助金使用情况将会同时以博客日志的形式公布在活动官方网站上，以供社会监督。

21. 什么是 SIYB 培训？

SIYB，全称是"Start & Improve Your Business"，它包括"产生你的企业想法"（Generate Your Business Idea，GYB）、"创办你的企业"（Start Your Business，SYB）、"改善你的企业"（Improve Your Business，IYB）和"扩大你的企业"（Expand Your Business，EYB）四种培训课程。这套培训课程专门培养潜在的和现有的小微企业者，使他们有能力创办切实可行的企业，提高现有企业的生命力和盈利能力，并在此过程中为他人创造就业机会。SIYB 培训经国家劳动和社会保障部引入我国后，在部分省市进行试点运行，取得了良好的效果。创业培训不仅使学员的就业观念发生转变，更激发了他们的创业意识，掌握创业技能，增强微小企业抗风险能力，使学员在短时间内成为微型企业的老板。目前我国已经引进了 GYB、SYB、IYB 三个培训模块，在培训过程中取得了良好的社会效果。

22. 哪些高校毕业生可以参加创业培训？

重庆籍毕业学年内（即从毕业前一年 7 月 1 日起的 12 个月）高校毕业生可以参加创业培训（含微型企业创业培训）。

23. 创业培训补贴标准是多少？

创业培训成功创业按人均 1 000~1 500 元补贴，未创业按 60% 补贴；微型企业创业培训为创业成功按 1 000 元/人补贴，未创业成功按 600 元/人补贴。

24. 如何参加创业培训？

符合补贴的高校毕业生可到当地就业服务管理机构、人力资源市场或街道（镇、乡）劳动就业社会保障服务所咨询并按规定报名参加创业培训。参加微型企业创业培训，须到工商部门申请创办微型企业并按规定参加培训。

25. 什么是微型企业？

微型企业是指所有注册资本金（包含个人独资企业的出资额和合伙企业的出资额）在15万元以内，雇员（含投资者）在20人以下的符合国家《中小企业划型标准规定》的小型企业。

26. 微型企业创业扶持重点人群及创业补助有何规定？

重庆户籍的高校毕业生、返乡农民工、失业人员、军队复员人员等重点人群创办的科技创新、电子商务、节能环保、文化创意、特色效益农业等鼓励类微型企业创业补助。符合上述条件的微型企业在设立登记满2个月后，可向当地工商部门提出申请，符合条件的可按规定享受5万元以内的创业补助。

27. 从外地来重庆读书的大中专毕业生可不可以享受微型企业扶持政策？

从外地来重庆读书的大中专毕业生，只要其户口（包括集体户口）还在重庆，就可以申请享受微型企业创业扶持政策。从重庆到外地读书的大中专毕业生，只要户口迁回重庆，也可以申请享受微型企业创业扶持政策。

28. 申请享受微型企业创业扶持需具备的条件有哪些？

申请享受微型企业创业扶持政策的创业者应具备下列条件：一是具有本市户籍（含集体户口）；二是属于"四类"重点扶持对象；三是具有创业能力；四是无在办企业；五是属于"重点人群"的申请人出资比例不低于全体投资人出资额的50%；六是其他应当具备的条件。

29. 申请享受微型企业创业扶持需提交的材料有哪些？

申请微型企业创业扶持的创业者，应当向居住地乡镇人民政府、街道办事处提交以下材料：

（1）微型企业创业申请书；

（2）身份证明；

（3）户口簿；

（4）居住证明；

（5）属于"重点人群"的证明材料；

（6）其他需要提交的材料。

居住地与身份证明或户口簿载明的住址一致的，申请人可不提交居住证明。

30. 在校大学生创办微型企业的条件是什么？

在校大学生（含高职专科、本科、硕士、博士）创办微型企业，须具有本市户籍（含集体户口）、无在办企业、出资比例不低于企业全体投资人出资总额的50%等条件。允许在校大学生申办微型企业的时间原则上限定为毕业年度内。在校大学生创办微型企业的经营范围为文化创意、信息技术及高新技术等产业；所创办企业经营注册地应为各大学创业园、科技园及创业孵化基地等。

31. 在校大学生创办微型企业有哪些程序？

（1）学生填写"重庆市大学生微型企业创业申请书"（以下简称"申请书"），"申请书"样本可向所在高校微型企业创业指导站或就业指导机构、当地工商所领取。

（2）学生按要求填写"申请书"，并提交所在高校微型企业创业指导站。

（3）学校微型企业创业指导站将创业学生申请书统一提交所在高校审核（学校需就申办人学业完成情况、是否属于文化创意和信息技术类人员，是否具有创业能力，是否经学生家长同意，学校是否同意其申办微型企业等签注意见）。

（4）学校微型企业创业指导站将高校盖章认定的学生创业申请书报送所在地工商所，并告知申请人，同时做好后续工作，进入常规性的申办程序（不再另行填写创业申请书）。鉴于在校大学生的特殊性，如申请人已参加高校组织的创业培训的，可不再参加微型企业创业培训；对是否属于文化创意和信息技术类人员的认定，以所在学校意见为准，相关资料由当地工商部门报文广新局和经信委备案。各区县微企办为在校大学生创办微型企业开设绿色通道，积极会同财政等部门做好评审工作，对在校大学生申办微型企业情况单独统计并报市微企办备案。

微型企业创业扶持相关政策可以登录"重庆市微型企业发展网"（http://www.cqwq.gov.cn）查询，也可向重庆市微型企业发展工作领导小组办公室咨询（电话：023-63835460）。

32. 申请小额担保贷款的条件是什么？

申请小额担保贷款，男性年龄要在 60 岁以内、女性年龄要在 55 岁以内（已退休人员、大龄下岗职工除外），具有完全民事行为能力的自然人，身体健康、诚实守信、经过就业再就业培训、具备一定劳动技能；属所在社区居委会的常住户口。合伙经营实体或小企业必须有固定的经营场地和一定的自有资本金；其从事的经营项目必须是微利项目（国家明文限制的行业如建筑业、广告业、房屋中介、典当、桑拿、按摩、网吧、氧吧，以及美容、美发、水吧、酒吧、洗脚，从事金融保险业、邮电通信业、娱乐业以及销售不动产、转让土地使用权等除外）。

33. 小额担保贷款的额度是多少？

财政贴息资金支持的小额担保贷款额度为，高校毕业生最高贷款额度10万元，妇女最高贷款额度 8 万元，其他符合条件的人员最高贷款额度 5 万元，劳动密集型小企业最高贷款额度 200 万元。对合伙经营和组织起来就业的，妇女最高人均贷款额度为 10 万元。

34. 小额担保贷款的期限是多久？

小额担保贷款期限为一年，以贷款上账日开始计算，借款人应按时还款。确需继续贷款的，应在贷款期满前 30 天，向所在地区县（自治县）劳动就业部门提出续贷申请，劳动就业部门应及时将审核同意的书面意见送承贷金融机构，承贷金融机构审查同意后，通知借款人办理相关手续。借款人在续贷前要结清贷款本息，续贷期限为一年。借款人续贷期满后还需贷款的，可直接向承贷金融机构申请商业性贷款，财政不再贴息。

35. 小额担保贷款利率怎么计算？

在人民银行公布的贷款基准利率的基础上上浮 3 个百分点。

36. 小额担保贷款如何偿还？

借款人从取得贷款之日起，应根据借款合同按期支付利息，到期偿还本金。贷款逾期应按中国人民银行及承贷金融机构规定计交罚息，罚息由借款人自行承担。

37. 小额担保贷款的担保、抵（质）押条件有哪些？

（1）法人为个人担保必须同时具备以下条件：本企业生产经营状况良好，年税后利润在 5 万元以上；具有贷款申请金额 1.5 倍以上的不动产。个人担保必须具备以下条件：有贷款申请金额 1.2 倍以上的房产或等值的有价证券；有稳定收入的公务员及事业单位员工个人担保额不超过其年收入的 2 倍（单位出具年收入证明），且最高不超过 20 万元；有稳定收入的企业单位员工个人担保额不超过其年收入额（单位出具年收入证明），且最高不超过 6 万元。承贷金融机构对个人保证担保额根据实际情况掌握，由担保人本人签字。担保时担保方应在保证合同上签字、盖章。

（2）借款人抵（质）押可用自有或亲友（本市常住户口）的房屋（两证齐全，银行会同借款人协商认定）、承贷金融机构认可的有价证券进行抵（质）押；合伙经营实体或小企业抵（质）押原则上参照个人抵（质）押执行，可用不动产、汽车、设备（有购置发票，扣除折旧）进行抵（质）押。贷款金额不得超过抵押品价值的 70%，质押物价值的 90%。

38. 小额贷款办理程序是怎么样的？

（1）借款人申请贷款时，持工商、税务核发的工商登记证、税务登记证，抵（质）押物清单或担保合同以及本人有效证件到所在地社区居委会申请；

（2）社区居委会审查符合小额担保贷款的条件和小额担保贷款的担保、抵（质）押条件后，在 3 个工作日内向所在地街道（乡镇）推荐；

（3）街道（乡镇）按《重庆市小额担保贷款办法》（渝再就业办字〔2008〕16 号）第七条、第十二条初审同意后在 3 个工作日内报所在地区县（自治县）劳动就业部门，区县（自治县）劳动就业部门会同财政部门在 5 个工作日内完结审查汇总，并将相关资料送到承贷金融机构。

（4）承贷金融机构在5个工作日内提出初审意见，不同意贷款的，应注明原因并将资料返还劳动就业部门；同意贷款的，即可通知借款人办理相关手续，完善贷款抵（质）押担保等手续后，在5个工作日内向借款人发放贷款。

合伙经营实体或小企业可由法定代表人在其户口所在地或企业经营所在地社区居委会申请小额担保贷款。

39. 小额担保贷款财政贴息的政策有哪些？

登记失业的高校毕业生（两年内）从事微利项目的，由财政按规定给予全额贴息。

借款人在借款合同约定期限内按期偿还本息，最后一次结清本息后，凭承贷金融机构出具的结息清单或凭证到劳动就业部门申请贴息。劳动就业部门按借款人不同的贴息标准确认借款人相应的贴息金额，按季将确认后的贴息清单送当地财政部门和承贷金融机构各一份，承贷金融机构将财政划拨的贴息资金一次性划入借款人在承贷金融机构开设的个人账户内。

借款人获得小额担保贷款后，可按规定享受再就业的有关税费减免、工商扶持等优惠政策。

40. 什么是创业孵化基地？

我市创业孵化基地是指经市人力社保部门、市财政部门认定，能为入驻的初创小微企业和个体创业者提供基本的生产经营场地以及有效的创业指导服务和一定期限的政策扶持，具有持续滚动孵化和培育创业主体功能的各类创业载体。

41. 创业孵化基地为入孵企业提供什么孵化服务？

孵化基地能够提供以下孵化服务：

（1）场地保障。孵化基地施行场租减免，能提供低成本的生产经营场地、基本办公条件和后勤保障服务。

（2）创业指导。能为孵化对象提供创业培训、经营管理指导、创业项目推介和创业信息咨询等专业化服务。

（3）市场推广。能提供战略设计、市场策划、市场营销、项目推广等服务，并开展孵化基地及孵化对象宣传，提高基地及创业主体的市场知名度。

（4）事务代理。能协助孵化对象办理企业登记注册及变更手续，并提供财务代账、融资担保、专利申请、法律维权等特色化服务。

（5）政策落实。能提供较完善的创业政策咨询，并积极协调相关部门落实各项税费减免、资金补贴、小额担保贷款等扶持政策。为鼓励创业孵化基地为孵化对象提供低成本、高质量的孵化服务，财政给予孵化基地一定的一次性补贴和奖励补贴。

42. 孵化基地的主要服务人群和孵化企业类型是哪些？

创业孵化基地主要为高校毕业生、城镇登记失业人员、返乡农民工、复转退伍军人、留学回国人员、三峡库区移民、文化创意和信息技术人员等各类城乡劳动者自主创业提供低成本的孵化服务。除国家明文限制行业(建筑业、房屋中介、典当、桑拿、按摩、网吧、氧吧、美容美发、酒吧等)外,均可申请进入创业孵化基地孵化创业。

43.怎么申请入驻创业孵化基地?

目前,我市已建成46家市级创业孵化基地。有创业意愿的大学生可以就近申请入驻本校或邻近高校创业孵化基地,也可向我市其他创业孵化基地提出入驻申请。

44.国家鼓励高校毕业生入伍,这里的"高校毕业生"如何界定?

指中央部门和地方所属全日制公办普通高等学校、民办普通高等学校和独立学院的全日制普通本专科(含高职)、研究生、第二学士学位应届毕业生。不包括往届毕业生及成人高等教育、高等教育自学考试类学生、各类非学历教育的学生。

征集的高校应届毕业生以男性为主,女性应届毕业生征集根据军队需要确定。

高职(专科)毕业班学生完成专业理论课程学习并取得毕业所需学分,仅需再完成毕业实习即能毕业的,可在当年冬季报名应征入伍,享受高校应届毕业生入伍有关优惠政策。

45.应征入伍高校毕业生的年龄条件是多少?

高职(专科)毕业生当年为18—23周岁,本科以上学历的可以放宽到当年24周岁。

46.应征入伍需要满足哪些政治条件?

征兵政治审查的内容包括:应征公民的年龄、户籍、职业、政治面貌、宗教信仰、文化程度、现实表现以及家庭主要成员和主要社会关系成员的政治情况等。征集服现役的公民必须热爱中国共产党,热爱社会主义祖国,热爱人民军队,遵纪守法,品德优良,决心为抵抗侵略、保卫祖国、保卫人民的和平劳动而英勇奋斗等。

47.应征入伍要满足哪些基本身体条件?

公民应征入伍要符合国防部颁布的《应征公民体格检查标准》和有关规定。其中,有几项基本条件:①身高:男性162 cm以上,女性160 cm以上;②体重:男性:不超过标准体重的+25%、-15%;女性:不超过标准体重的±15%(标准体重=(身高-110)kg);③视力:陆勤岗位视力标准,大学专科以上文化程度的青年入伍,右眼裸眼视力放宽至4.6,左眼裸眼视力放宽至4.5。屈光不正,准分子激光手术后半年以上,无并发症,视力达到相应标准,合格;④内科:乙型肝炎表面抗原呈阴性,等等。

48.应征入伍如何报名?

(1)参加网上预征报名:4—7月,有应征意向的高校毕业生登录"大学生网上预征报名系统"报名预征,填写、打印"应届毕业生预征对象登记表"和"应征入伍高校毕业生补偿学费代偿国家助学贷款申请表"(以下分别称"登记表""申请表"),交所在学校预征工作管理部门。

(2)参加初审、初检,通过确认:5—7月,按照兵役机关的统一安排,预征报名高校毕业生参加身体初检、政治初审,通过的毕业生被确定为预征对象。在毕业生离校前,高校协助兵役机关,将"登记表"和"申请表"审核盖章发给预征对象并完成网上信息确认。

(3)到户籍所在地报名应征:10月底全国征兵工作开始后,预征对象携带"登记表"和"申请表",到入学前户籍所在地县(市、区)征兵办公室报名应征(落实单位户档随迁的,在现户籍所在地应征)。通过体检政审的高校毕业生由县级兵役机关批准入伍。

49.高校毕业生应征入伍服义务兵役享受哪些优惠政策?

高校毕业生应征入伍服义务兵役,除享有优先报名应征、优先体检政审、优先审批定兵外,还享受优先选拔使用、考学升学优惠、补偿学费或代偿国家助学贷款、就业安置帮扶等优惠政策。

50.如何理解高校毕业生应征"优先"政策?

征兵报名前,县级兵役机关通知预征对象报名时间、地点、注意事项等。高校毕业生本人持"登记表"到户籍所在地县级兵役机关报名应征。

高校毕业生预征对象体检由县级征兵办公室统一组织,同级卫生部门具体负责。征兵前,县级兵役机关要通知预征对象体检时间、地点、注意事项,安排其上站体检。

组织高校毕业生政审时,严格按照《征兵政治审查工作规定》进行。"应征公民政治审查表"中的"就读学校鉴定意见"栏的鉴定意见以"登记表"意见为准,不再填写鉴定意见。入伍前,"登记表"作为政审表的附件装入新兵档案。

县级兵役机关召开定兵会议审批定兵时,优先批准体检、政审合格的高校应届毕业生预征对象入伍。

同等条件下,高校毕业生士兵在选取士官、安排到技术岗位等方面优先;具有普通本科学历、取得相应学位的高校毕业生士兵,表现优秀、符合总部有关规定的可以直接选拔为军官。有关具体规定按照军队有关部门出台的文件执行。

51.应征入伍服义务兵役给予学费补偿和助学贷款代偿的内容是什么?

从2009年起,国家对应征入伍服义务兵役的高校应届毕业生在校期间缴纳的学费实行补偿。在校期间获得国家助学贷款的,学费补偿款首先用于偿还助学贷款本金及其全部偿还之前产生的利息。

52.高校毕业生应征入伍享受学费补偿和助学贷款代偿的标准是多少?

按照《财政部、教育部、总参谋部关于印发〈应征入伍服义务兵役高等学校毕业生学费补偿和国家助学贷款代偿暂行办法〉的通知》(财教〔2009〕35号)规定,国家对服义务兵役的高校毕业生每学年补偿学费或代偿国家助学贷款本息的金额,最高为6 000元;毕业生在校期间每学年实际缴纳的学费或获得的国家助学贷款本息高于6 000元的,按照每年6 000元的金额实行补偿或者代偿;高校毕业生在校学习期间每年实际缴纳的学费或获得的国家助学贷款本息低于6 000元的,按照学费和国家助学贷款本息两者就高的原则,实行补偿或代偿。

53.高校毕业生应征入伍都可以享受学费补偿或助学贷款代偿政策吗?

在校期间已享受免除全部学费政策的学生、定向生、委培生、国防生、按部队生长干部条件招收的大学毕业生,以及从高校毕业生中直招的士官等其他形式到部队参军的高校毕业生,均不享受学费补偿和助学贷款代偿政策。

54.高校毕业生应征入伍享受学费补偿和助学贷款代偿的年限如何计算?

对本科、专科(高职)、研究生和第二学士学位毕业生补偿学费或代偿国家助学贷款本息的年限,不论服役时间长短,分别按照国家规定的相应学制计算,在高校毕业生入伍时,实行一次性补偿或代偿。在校学习时间低于相应学制规定年限的,按照实际学习时间计算。在校学习时间高于相应学制规定年限的,按照学制规定年限计算。专升本、本硕连读、中职高职连读、第二学士学位毕业生补偿学费或代偿国家助学贷款本息的年限,分别按照完成本科、硕士、高职和第二学士学位阶段学习任务的实际时间计算(即按完成最终学历阶段学习任务的实际时间计算)。

55.高校毕业生应征入伍申请学费补偿或助学贷款代偿的程序是什么?

(1)填写有关表格:预征工作开始后,有应征意向的普通高校应届毕业生登录"大学生预征网上预征报名系统"(http://zbbm.chsi.com.cn 或 http://zbbm.chsi.cn),填写、打印并向就读高校递交"登记表""申请表"。在校学习期间获得国家助学贷款的,还需提供与经办银行签订的还款计划书复印件。其中,应注明已申请国家助学贷款代偿。

(2)高校初审盖章:离校前,高校对被确定为预征对象的毕业生补偿学费和代偿国家助学贷款本息的条件资格、具体金额及相关信息资料进行初审,确认无误后,在"申请表"上加盖公章,连同"登记表"一起交给学生本人。

(3)表格递交县征兵办:10月31日前,高校毕业生到入学前户籍所在地报名应征时将"登记表"及"申请表"交县(市、区)人民政府征兵办公室。

(4)县征兵办审批入伍、复核材料并盖章:12月31日前,县(市、区)人民政府征兵办公室批准高校毕业生应征入伍后,向其发放"应征入伍通知书",并会同同级教育行政部门对应征入伍的高校毕业生申请补偿学费和代偿国家助学贷款本息等情况进行复核。确认无误后,分别在"申请表"上加盖公章。

（5）学生资助中心审核并确定最终名单：次年 1 月 15 日前，县（市、区）教育行政部门将户籍为本县（市、区）的入伍高校毕业生的"应征入伍通知书"复印件及"申请表"原件，寄送至应征入伍毕业生原就读高校学生资助管理机构。各高校按隶属关系，分别报各省（区、市）学生资助管理中心和全国学生资助管理中心审核。最终，汇总至全国学生资助管理中心复核、备案后，确定当年享受补偿学费和代偿国家助学贷款本息政策的最终名单及具体金额。

56.补偿、代偿的经费如何发放到符合条件的高校毕业生手中？

各中央部门所属高校和地方所属高校在收到补偿学费和代偿国家助学贷款本息资金的 15 个工作日内，向毕业生补偿学费；对于申请助学贷款代偿的毕业生，由学校代替毕业生按照还款协议，向银行偿还其在本校办理的国家助学贷款本息，并将银行开具的偿还国家助学贷款本息的凭据交寄毕业生本人或其家长，将剩余资金汇至高校毕业生指定的地址或账户。

入学前在户籍所在县（市、区）办理了生源地信用助学贷款的应征入伍毕业生，在收到代偿资金后 1 个月内，根据与银行签订的还款协议，由学生本人或家长（或其他法定监护人）一次性向银行偿还生源地信用助学贷款本息。

57.因个人原因被部队退回，毕业生已获补偿、代偿的经费要被收回吗？

高校毕业生因本人思想原因、故意隐瞒病史或违法犯罪等被部队退回的，取消其补偿学费和代偿国家助学贷款的资格。已获补偿或代偿资金由毕业生户籍所在地县（市、区）教育行政部门会同同级征兵办公室收回，并逐级汇总上缴至全国学生资助管理中心。

58.高校应届毕业生入伍服义务兵役年限是多少？

我国现行的义务兵役制度是两年。

59.具有高等教育学历的士兵退役后，享受哪些升学考学优惠政策？

（1）参加政法院校为基层公检法定向岗位招生时，同等条件下优先录取，且专列一定比例招收退役毕业生报考者；

（2）退役后三年内参加全国硕士研究生招生统一入学考试，初试总分加 10 分；

（3）立二等功及以上的，退役后免试（指初试）攻读硕士研究生；

（4）具有高职（高专）学历的，退役后免试入读成人本科；或经过一定考核（计划单列、专升本考试、单独录取），30% 比例入读普通本科。

60.高校毕业生应征入伍服义务兵役，其户口档案存放在哪里，如何迁转？

高校毕业生在 4—7 月参加预征，身体初检和政治初审合格，填写"登记表"，将户口迁回入学前户籍所在地，档案可转到入学前户籍所在地公共就业和人才服务机构存放。

批准入伍后,其学籍档案放入新兵档案。

61. 高校毕业生退役后就业及户档迁移有何优惠政策?

入伍高校毕业生退出现役后,可参照普通高等学校应届毕业生,凭用人单位录(聘)用手续,向原就读高校再次申请办理就业报到证(从退出现役当年的12月1日起至次年12月31日止),户档随迁(直辖市按照有关规定执行)。到各地公共就业和人才服务机构求职的,可按规定免费享受公共就业和人才服务。参加户籍所在地省级毕业生就业指导机构、原毕业高校就业招聘会,享受提供信息、重点推荐、就业指导等就业服务。

62. 没有参加网上预征报名的高校毕业生是否还可以应征入伍并享受有关优惠政策?

离校前未报名的应届毕业生,可在冬季征兵前到入学前户籍所在地乡(镇、街道)武装部报名并进行兵役登记,合格者确定为预征对象,择优送站体检。体检、政审合格被批准入伍后,补办补偿代偿等手续,仍可享受国家鼓励高校毕业生应征入伍的各项优惠政策。

63. 我市高校贫困毕业生是如何鉴定的?

我市高校贫困毕业生是指重庆户籍的零就业家庭、农村建卡贫困户家庭、城乡低保家庭和本人残疾的普通高等学校毕业生以及市政府确定的其他高等学校贫困毕业生。

64. 我市对高校贫困毕业生有哪些帮扶政策措施?

根据渝府办发〔2014〕53号文件规定,我市对高校贫困毕业生有以下15条帮扶政策措施:

(1)提供实习机会。组织在校贫困大学生参加暑期社会实践,提升综合素质和就业竞争力,由实习单位发放不低于50元/人·天的实习补助。

(2)安排就业见习。组织离校未就业和毕业学年的高校贫困毕业生到市内就业见习单位参加为期3~6个月的就业见习。由见习单位按每人每月不低于当地最低工资标准发放就业见习生活补助,市财政给予见习单位800元/人·月的见习补贴。

(3)实施定向培养。每年从全市农村小学、乡镇卫生院定向培养的高校招生计划单列指标中,各拿出100个指标招录高中贫困毕业生,定向培养全科教师和全科医生。对签订定向培养协议并承诺服务满6年的,由市财政给予学费、住宿费和生活费资助。

(4)基层事业单位提供岗位。在各区县(自治县)乡镇事业单位招聘编制总量范围内,每年末提供300个岗位招聘该地区及相邻区县的高校贫困毕业生。

(5)企业提供岗位。组织各类企业每年末提供约1 200个岗位,同等条件下优先招聘离校未就业高校贫困毕业生。对吸纳登记失业高校贫困毕业生,签订1年以上劳动合同并缴纳社会保险费的企业,市财政按6 000元/人标准给予企业一次性岗位补助。

（6）政府购买公益性岗位。在每年开发的公益性岗位中提供2 000个岗位，托底过渡性安置高校贫困毕业生就业。

（7）实施财税扶持和场租水电费补贴。对高校贫困毕业生创办微型企业或从事个体经营，符合有关规定的，给予相关税收减免和代账补贴等财政扶持。对高校贫困毕业生创办的微型企业或注册的个体工商户给予场租和水电费补贴，具体补贴标准由各区县（自治县）人民政府制定。

（8）实施金融扶持。对按照贷款基准利率向创办微型企业的高校贫困毕业生提供创业扶持贷款的承贷银行，由市财政按贷款金额的1%给予奖励。对高校贫困毕业生创办微型企业提供贷款担保，收取不高于1%担保费的担保机构，由市财政按贷款金额的1%给予担保费补贴。

（9）优先实施产业引导。对高校贫困毕业生创办微型企业并符合产业引导股权投资基金支持范围的，优先予以扶持，支持其做大做强。

（10）政府优先采购。对高校贫困毕业生创办微型企业生产的产品符合政府采购条件的，同等情况下优先纳入政府采购范围。

（11）搭建公共就业创业服务平台。在高校集聚地建立高校毕业生就业创业服务中心，加强宣讲指导，开展送岗位、送政策、送培训进校园活动，做好供需对接，为高校贫困毕业生提供"点对点"就业创业服务。

（12）鼓励自主求职。有针对性开展求职帮扶，鼓励高校贫困毕业生自主求职。对在毕业年度内的重庆高校城乡低保家庭学生、残疾学生给予800元/人的一次性求职补贴。对离校未就业并到公共就业服务机构进行实名登记的重庆籍高校贫困毕业生给予500元/人的一次性求职补贴。所需经费在就业专项资金中列支。

（13）提供免费求职登记和档案托管。公共就业人才服务机构对离校未就业高校贫困毕业生免费办理求职登记和档案托管，并给予免费职业指导、职业介绍、创业推介等公共服务。

（14）落实代偿学费。鼓励高校贫困毕业生到基层就业，对毕业后到我市扶贫开发工作重点区县（自治县）乡镇事业单位（不含城关镇）就业并服务满3年的应届高校贫困毕业生，由市财政按不超过6 000元/人·年，总额最高不超过24 000元的标准代偿学费。

（15）优先组织培训。优先组织高校贫困毕业生参加农业、移民、扶贫、就业等职业技能培训和微型企业创业培训，并按规定享受职业技能培训补贴、技能鉴定补贴和创业培训补贴。